# 解析

## 选股策略与技法

# 精准选择
# 潜力股

刘益杰◎编著

中国铁道出版社有限公司

CHINA RAILWAY PUBLISHING HOUSE CO., LTD.

图书在版编目（CIP）数据

解析选股策略与技法：精准选择潜力股 / 刘益杰编著.—北京：中国
铁道出版社有限公司，2022.10
ISBN 978-7-113-29167-9

Ⅰ.①解… Ⅱ.①刘… Ⅲ.①股票投资-基本知识 Ⅳ.①F830.91

中国版本图书馆CIP数据核字（2022）第090119号

书　　名：**解析选股策略与技法：精准选择潜力股**
　　　　　JIEXI XUANGU CELUE YU JIFA：JINGZHUN XUANZE QIANLIGU
作　　者：刘益杰

责任编辑：张亚慧　　　编辑部电话：（010）51873035　　　邮箱：lampard@vip.163.com
封面设计：宿　萌
责任校对：孙　玫
责任印制：赵星辰

出版发行：中国铁道出版社有限公司（100054，北京市西城区右安门西街 8 号）
印　　刷：三河市国英印务有限公司
版　　次：2022 年 10 月第 1 版　2022 年 10 月第 1 次印刷
开　　本：700 mm×1 000 mm　1/16　印张：13.5　字数：187 千
书　　号：ISBN 978-7-113-29167-9
定　　价：69.00 元

# 前言

　　股票交易实质上是一种无形资产的交易，即股东权利的转让。历经百年发展与演化，最终形成了现在制度完善、条理清晰的股票市场。

　　股票市场因其参与门槛低、资金流动性强的特性，吸引了大量的投资者以及机构参与。因此，股票市场也成为股票集合交易的一个重要媒介，是投资者互相博弈、赚取额外收益的地方。

　　而要想在股市中实现盈利，就必须学会甄别个股及其背后上市公司的优劣，选到优质的股票，是投资者获益的大前提。

　　对于普通投资者来说，选股主要会涉及两个方面，即基本面和技术面。从基本面来看，投资者主要关注的是上市公司的盈利能力、运营状况、未来发展空间以及所处行业景气度等方面；从技术面来看，投资者主要分析的是目标股后市的发展方向、未来上涨空间以及合适的买卖点等。

　　尽管普通投资者获取消息的渠道不如专业机构多，精准度和详细程度也不足，但依旧可以利用现有的数据以及上市公司依法披露的信息，对潜力股进行筛选和研究。因此，选取各种适用于普通投资者的选股方法，并将其分类整理，编写了此书。

全书共 7 章，可分为三个部分：

◆ 第一部分为第 1~3 章，主要介绍了在选股之前需要了解的基本逻辑，以及借助基本面分析不同类别的板块来选股。同时还介绍了从财报等数据信息，分析上市公司优势的选股方法。

◆ 第二部分为第 4~5 章，从技术面对股票走势进行分析，借助包括江恩理论、波浪理论在内的经典理论，以及常见的 K 线形态，对股价走势作出判断，帮助投资者抓住大牛行情。

◆ 第三部分为第 6~7 章，主要介绍技术指标的辅助研判功能，包括均线以及 MACD、KDJ 指标等常用技术指标，使选股时机和位置精准化，扩大投资收益。

本书的优势在于实战氛围浓厚，图文并茂，注解详细。在介绍基本理论的同时，也选取了对应的案例进行解析，理论与实际充分结合，能够更好地帮助投资者深刻理解与消化知识点。

由于经验有限，加之时间仓促，书中难免会有疏漏和不足之处，恳请专家和读者不吝赐教。

最后，祝愿各位投资者在学习和掌握各类选股方法后，早日通过股市获取理想的收益，也请牢记，任何投资都有风险，需慎之又慎。

编　者

2022 年 6 月

# 目录

## 第1章　选股需知道：策略逻辑很重要

许多新手投资者在刚进入股票市场时会比较迷茫，不知道从何下手，也不知道如何挑选一只好的股票。其实投资者不必着急选择，在此之前可以先确定适合自己的投资策略，了解清楚选股的基本逻辑和方法，这样在进行抉择时就能够缩小范围，精准定位自己想要的股票。

# 第2章　板块中选股：龙头黑马紧跟住

　　股票市场中有着大量的个股，这些个股又被分为了大大小小上百个板块，每一个板块都有其特点，比如企业的主营业务也具有高度的相关性。当某一板块的发展受到重视或是具有长期的成长性时，投资者就可以对这些板块的龙头企业进行考察，从而找到优质个股。

# 第3章　企业面选股：优质公司早介入

从企业面选股，就要重点关注企业的各项财务指标、行业竞争力以及市场占有率等，这关系着目标企业是否具有长期的投资价值，是否值得投资者投入资金来博取收益。可以说，选对企业就是选对股票，投资者对此需要重点掌握。

# 第4章 借经典理论：何时进场要认准

股票市场在近百年的发展过程中，诞生了大量的经典理论，并在后市进行了不断改良与印证，比如著名的波浪理论、奠基的道氏理论和常用的量价理论等。这些流传已久的经典理论集实用性和准确性于一体，能够从技术面帮助投资者选择适宜的股票。本章就将选取几种常见的理论，结合案例进行解析。

# 第 5 章　观 K 线形态：抓住机会果断买

　　K 线图是投资者对股票进行走势研判的有效工具，也是技术分析的重点研究对象。无论是研判趋势还是选择买卖点，都离不开对 K 线形态的判断。因此，K 线形态也成为投资者选股的利器，是学习重点之一。

## 第6章　看均线选股：寻找趋势中买点

　　均线因其功能的完整性和用法的简便性，是技术分析中极为关键的指标之一。均线常用于对市场趋势以及买卖点的判断，如行情的反转、单边走势的持续、适宜的入场点等，非常适合用于技术面的选股，所以均线也成为投资者常用的技术指标。

# 第 7 章　用指标选股：辅助研判更准确

技术指标是股票市场技术分析过程中占据重要地位的工具之一，它泛指一切通过数学公式计算得出的股票价格的数据集合。无论是均线还是成交量，都是技术指标的一种。而投资者从技术面选股时，基本离不开技术指标的辅助，因而对技术指标的掌握和应用就显得尤为重要。

# 第1章

## 选股需知道：策略逻辑很重要

　　许多新手投资者在刚进入股票市场时会比较迷茫，不知道从何下手，也不知道如何挑选一只好的股票。其实投资者不必着急选择，在此之前可以先确定适合自己的投资策略，了解清楚选股的基本逻辑和方法，这样在进行抉择时就能够缩小范围，精准定位自己想要的股票。

- 确定自己的投资策略
- 不同层面的选股逻辑与方法
- 控制风险与收益的匹配度

# 1.1 确定自己的投资策略

每个人都有属于自己的投资策略，有些人喜欢在市场中不断进出搏杀，快速赚取收益；有些人却喜欢抓住一只股票岿然不动，任其震荡而不松手，直到达到心理预期后再抛出。

而除却个人操盘喜好，投资者自身对于资金流动性的要求、盯盘时间、风险偏好、投入资金和操盘经验等的不同，也决定了投资策略的不同。

当投资者需要资金流动灵活、能够快速脱离股市取出现金时，更适合做短线投资；而当投资者有部分闲余资金、无须时常取用，能够稳定地投资一只股票时，就更适合做中长线投资。

当然，其中的影响因素远不止这些，投资者在选择时也需要进行多方面的考量，以免选取到与自身实际情况不匹配的投资策略，因而遭受不必要的损失。那么下面就来详细了解不同周期投资策略的区别，以及各自的基本选股方法。

## 1.1.1 偏向短线投资如何选股

股市中的短线投资指的是投资者在短时间内进行买进与卖出股票操作，以赚取其间差价的交易行为。短线投资的周期大多在几天到几周之内，甚至有些超短线投资也会使用 T+0 策略在当天买进卖出。

从本质上看，短线投资属于一种投机行为。使用这种投资策略所冒的风险较大，对投资者的操盘经验、决策执行力和盯盘时间也要求较高。但在有些时候，短线投资者一旦抓住了一段暴涨行情，其收益很有可能会在短时间内达到非常可观的程度，可谓是风险与收益并存。

需要注意的是，短线投资策略需要投资者有一定的风险承受能力，也就是说，投资者需要有足够的资金来应付可能存在的短期的巨额亏损，毕竟有多大的收益就会有多大的风险。

那么，什么样的股票适合短线投资者选择呢？

◆　看股票种类

公司业绩好坏、市盈率高低等基本面信息对于短线投资来说是不太重要的，重要的是目标股是否存在相当幅度的频繁涨跌，是否有利可图。

一般而言，换手率高、价格处于中游、日内波动较大的股票适合短线操作。而符合这些要求的股票大多存在于小盘股和创业板股票之中，因其流通盘较小，容易受到主力的操控，相对于大盘股也更容易出现大幅度的涨跌，是短线投资者的优先选择对象。

◆　看市场行情

短线投资其实也是根据牛市行情各个阶段热点的演化规律而进行的投资，所以目标股所处的行情位置，也能在很大程度上影响短线投资者的投资收益。

①当目标股处于牛市，其获利点比较好把握，那就是在每一阶段的上涨中不断低买高卖，尽量避开回调，赚取差价收益。

②当目标股处于猴市，盘中可能会出现幅度较大的震荡，其操作方式与牛市中的情况大致相同，但难度与风险都有所提高，投资者需要注意把握时机。

③当目标股处于熊市，短线投资者的获利目标就只能放在股价的反弹上了，在反弹启动时买进，到达压力位时卖出，也能获得不错的收益。但相对的，熊市中的风险也会更大，投资者一定要注意分波段对仓位进行调控，并设置止损点与止盈点。

当投资者通过这两个方面选择了适合的股票后，就可以对其进行买卖操作了。要记住，果断的决策和坚决的执行，是做短线的制胜关键。

下面来看具体的案例。

**实例分析**

# 中科电气（300035）短线投资者选股解析

如图1-1所示是中科电气2021年3月到9月的K线图。

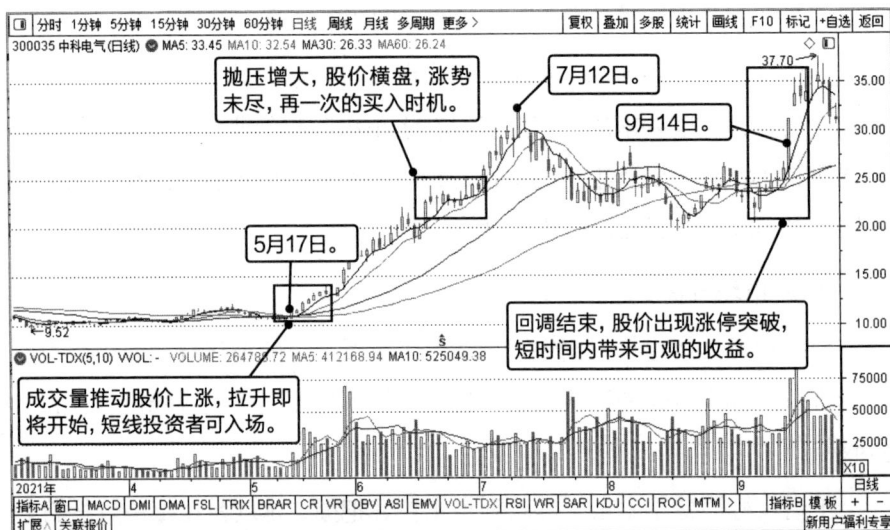

图1-1　中科电气2021年3月到9月的K线图

从图中可以看到，中科电气的股票代码以数字3开头，表明其是在创业板上市的股票。相较于主板市场只有10%的涨跌停限制，创业板的涨跌停限制达到了20%，对于短线投资者来说机会更多。

图中展示的是中科电气的上涨行情，可以看到，该股在5月中旬之前经历了一段时间的盘整，无论是股价还是成交量都显得有些低迷，不是短线投资者的操作时机。

5月17日，股价平开高走，盘中成交量极其活跃，股价被不断出现的大单推涨向上，最终以5.66%的涨幅收盘。该股当日收出一根阳线，并向上突破了均线组合，标志着拉升的开始。

随后数天，成交量都比较大，股价受其推动向上攀升，并在5月底的小幅回踩后确认了下方的支撑力，表明后续还有上涨的趋势。短线投资者在观察到这一现象时就可以果断入场做多，抓住这一段涨幅。

从 6 月的走势来看，该股这一段的拉升显得比较强势，股价在阳线多阴线少的状态下，以一个较为稳定的速率向上攀升。6 月中下旬，股价在 22.50 元的价位线附近受到阻碍，前期积累的短线盘在此处大量抛出，产生了一定的抛压，导致股价横盘。

而在此位置不仅有获利的卖盘，同时也有更多追涨的投资者涌入场内形成的买盘。当追涨的买盘不断增多，场内的卖盘会很快被消化，股价会在强劲的买压推动下再次上涨，这就是短线投资者的又一处入场时机。

6 月底，股价果然被推动回到了上涨轨道之中，并且涨速还有所加快。7 月 12 日，股价高开高走，在盘中被活跃的成交量一路推涨，并以 9.78% 的涨幅收盘，当日创出了 32.00 元的新高，随后便进入了回调整理中。

在股价出现回调迹象时，短线投资者就可以再次将手中的筹码抛出，将前期积累的利润兑现的同时，也避开了后面一段的下跌。但显然，该股的短线价值还未被发掘完全，投资者还需要对其保持关注。

从后续的发展来看，该股的回调持续了一个半月左右的时间，这一期间也出现了数次震荡，包括 8 月中下旬的一波连续上涨。

在经验丰富、操盘果断的短线投资者眼中，这也是做多机会之一，但由于其时间较短，普通投资者很难把控好时机，所以还是在行情出现明显上涨信号时，再入场为佳。

9 月中上旬，在成交量的连续放大下，明显的突破信号出现了。股价在接连收阳上涨后，成功在 9 月 14 日以一根涨停的大阳线突破了盘整区间，并在涨停后的第二天跳空高开，越过了回调之前的最高点，出现了又一波拉升。

在创业板股票中出现 20% 的涨停，在短时间内为短线投资者带来的绝对是一波可观的收益。可以看到，仅靠一次涨停和一根跳空高开阳线，就将股价从 25.00 元左右拉升至 35.00 元左右，两天之内能够达到近 40% 的涨幅，是非常惊人的。可见只要选好股，短线也能带来大幅的利润。

## 1.1.2　偏向中长线投资如何选股

一般来说，做中长线的投资者持仓时间要在 3 个月及以上，并且在持股期间很少有大量的资金出入，也不需要如短线一般时时紧盯盘面变化，比较适合走稳健路线的理性投资者。

相较于短线策略偏向的技术面决策能力，中长线策略更侧重于基本面与技术面相结合的分析。它需要投资者从大量的资料中分析和研究上市公司的长期发展趋势，确定目标股后，再寻找其行情的相对低位入场。

中长线策略非常考验投资者的心态。在长达数月甚至一年的持有期内，目标股会出现无数次大大小小的震荡，其中不乏一些深度回调。而每一次的深度回调带来的都是市场的恐慌，反复动摇中长线投资者的信心。最终大多数人都会在大行情走到半途时，便按捺不住兑利离场。

而一旦中长线投资者判断失误，错将顶部当作回调，其面临的损失会比大多数短线投资者更严重，前期投入的精力与时间也将付诸东流。所以要做中长线投资，就需要投资者保持理智与坚定，对市场风向的转变有敏锐的嗅觉，同时也要具备一定的宏观分析能力。

那么中长线投资适用于哪些股票呢？

- ◆　处于快速成长期或是长期热门的行业中的龙头股。
- ◆　业务稳定、销售收入稳步扩大的企业股票。
- ◆　企业管理层优秀、时常分红派息的股票。
- ◆　产品具有高市场占有率、行业竞争力强的企业股票。
- ◆　行业潜力大、暂时被低估的股票。

在选择好适合的目标股后，投资者就要在其中寻找合适的位置分批建仓入场，切忌一次性重仓或满仓操作，尤其是目标股已经处于较高的位置时，投资者的追涨力度更要把握好，避免在行情见顶后被套牢。

下面来看具体的案例。

**实例分析**

## 伊利股份（600887）2020年期间的中长线投资者选股解析

在竞争激烈的乳制品市场，伊利股份长期稳居全球乳业第一阵营，蝉联亚洲乳业第一，也是中国规模最大、产品品类最全的乳制品企业之一，具备了强大的核心竞争力。

如图1-2所示是伊利股份2016年到2020年3月的常温液态奶和婴幼儿奶粉的市场占有率。

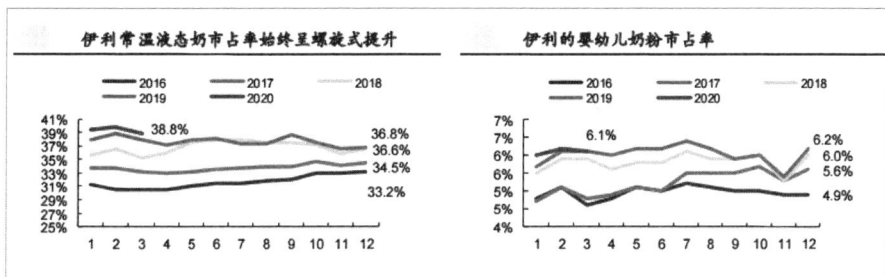

图1-2　伊利股份2016年到2020年3月的产品市场占有率

从图中可以看到，在2016年到2020年3月期间，伊利股份因其优秀的运营能力以及对生产成本的强控制力，其主要产品的市场占有率始终保持上升状态，行业龙头地位逐年稳固。

2020年期间，在疫情的影响下，伊利股份通过其快速的反应以及高效的执行力，在3月份之后实现了更好、更快的产业恢复。随着情况趋缓，销售人群的逐渐恢复，伊利股份成功实现了渠道资源的抢占，市场占有率不断提升。

从基本面的各种因素来分析，伊利股份都是一个非常理想的中长期投资对象。那么投资者在选择了这只股票后，就要进一步从技术面角度来对该股进行分析，寻找合适的入场点。

如图1-3所示是伊利股份2020年1月到2021年1月的K线图。

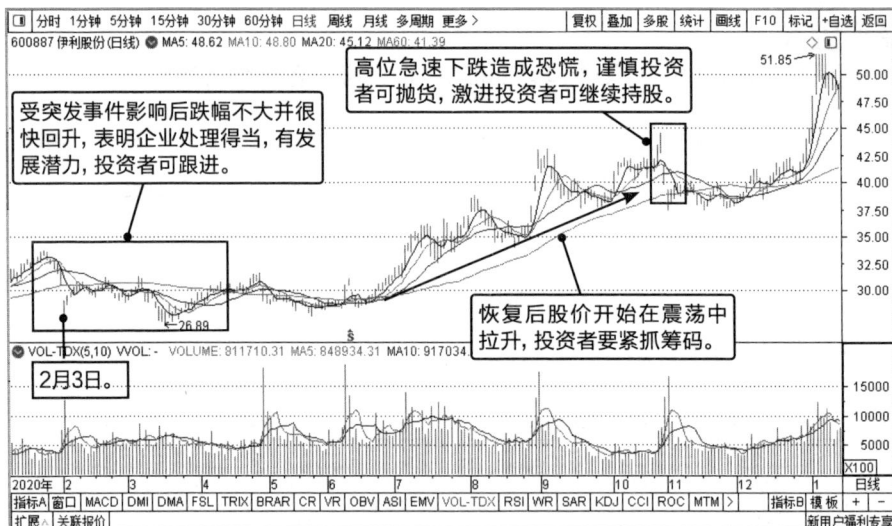

图 1-3　伊利股份 2020 年 1 月到 2021 年 1 月的 K 线图

　　从图中可以看到，该股在 2020 年 1 月底确实受到了影响，导致股价出现了一段下跌。但其跌势并不急促，虽然在春节过后的 2 月 3 日出现大幅滑落，股价被打压到 27.70 元，但之后缓慢拉升到一个平台后进行了一个月左右的横盘震荡，最终在 3 月中旬才再次下跌至 26.89 元。

　　结合股价的表现来看，伊利股份对于突发事件造成的影响处理得非常及时，在 3 月的下跌后，股价很快便回升，进入了横盘调整。此时，对伊利股份保持关注的投资者从基本面的数据以及 K 线图中的上涨，就能够推断出该股在后续具有较大的发展潜力，从而果断跟进。

　　6 月中下旬，伊利股份长时间的盘整结束，股价在成交量的推动下开始了快速拉升。第一波拉升就将股价从 30.00 元左右推涨至 35.00 元价位线上方，中长期投资者的投入初见回报。

　　随后的数个月内，该股震荡不断，既有急速上涨，也有大幅回调，但从 60 日均线的走向来看，该股始终受到其强力的支撑，整体趋势是震荡向上的。所以中长期投资者要坚定看多，将筹码牢牢地攥在手中。

　　10 月底，股价在上涨时突然受到成交量的天量打压，导致其急速下跌。

此时股价已经运行到了比较高的位置，很多投资者会在股价快速下跌造成的恐慌氛围中抛出筹码，将收益落袋为安的同时结束了在伊利股份中的投资，也错过了后续更迅猛的一波拉升。

这样的做法虽然缩小了自己的利润空间，但其实也是正确的，因为没有人能够保证自己做的每一次决定都是正确的。如果判断失误，而此处的下跌真的就是行情的反转，那么对后市依旧抱有期待的投资者就会遭受比较大的损失。所以，中长期投资者在进行决策时一定要以安全为上，设置合适的止盈点，以避免被深套的可能。

# 1.2 不同层面的选股逻辑与方法

根据不同的选股考量因素和投资者的偏好，会衍生出不同的选股方式。而每一种方式背后都存在一定的逻辑与优劣势，有的方式偏向于投机，有的方式则偏向于深层次的价值分析。

因为每种选股方式的难度和时间周期的要求各异，因此适宜人群也不尽相同，投资者可以根据自身情况进行选择。

## 1.2.1 利用价值驱动选股

要了解如何利用价值驱动选股，就必须要理解一句话，即："股票的内在价值决定股票的市场价格，股票的市场价格总是围绕其内在价值波动。"

股票的内在价值是研究者通过分析企业的财务状况、盈利前景以及其他影响公司生产经营消长的因素后，认为股票真正代表的价值。而股市中的价格会受到企业内在价值的影响，进而出现不断波动。

当价格高于企业内在价值，那么表明市场对这只股票处于高估状态，投资者需要进一步评估其发展潜力，判断其是否处于过于高估的状态，再决定是否跟进。

当价格低于企业内在价值，就表明市场对该股处于低估状态，投资者需要考虑企业是否处于经济周期或行业周期的低谷，或是企业是否已经被市场淘汰。前者可以对其保持关注，后者则需要放弃。

而利用价值驱动选股，就是要投资者去寻找被市场低估的股票，然后做长期持有。如果一个公司业绩优良，内在价值较高，但是当前的股价却是处在相对的低位上，那么其价格必然会向其内在价值靠拢。投资者在这样的股票低位上买入，将会在未来得到更多的利润。

那么对于没有研究背景的普通投资者，要如何判断一只股票的价值是否被低估呢？其实很简单，价值驱动选股最常用的指标就是市盈率，这是寻找价格相对来说低于公司内在价值或资产状况的一种典型指标。

市盈率之所以能够作为价值驱动选股的关键指标，是因为它在将价格因素与用每股盈利代表的历史表现联系起来的过程中，也包含了市场对公司未来发展和风险的预期。

市盈率是股票的每股市价与每股盈利的比率，一般认为，如果一家公司股票的市盈率过高，那么该股票的价格具有泡沫，价值被高估；反之，这只股票的价值就被低估。

需要注意的是，投资者在选择低估值股票时，不能一概认为具有投资价值。在市盈率降低的同时，投资者也要注意考察该股所处的行业是否处于周期低谷，其未来是否有腾飞的可能。

这是一个比较复杂的过程，投资者可能需要查阅大量的资料和研究报告，但一旦决策成功，价值投资带来的收益完全能够匹配这样的付出，所以价值投资已经成为广大投资者普遍采用的一种投资方法。

下面来看具体的案例。

**实例分析**
**昊华科技（600378）利用价值驱动选股解析**

昊华科技是中国化工集团现有多家控股上市平台中，以高科技化工新材料为核心业务的上市公司，该公司与其下属 12 家全资子公司均为高新技术企业，业务范围涵盖军工及民用领域。

2016—2019 年，公司军品业务营收占比约 20%，贡献了约 30% 的毛利润和净利润。公司凭借其主营业务稳定的增长趋势、较强的盈利能力和较强的技术实力，在各类细分领域中占据较大优势。

如图 1-4 所示是昊华科技 2015 年到 2020 年 9 月的总体营收情况和归母净利润数据。

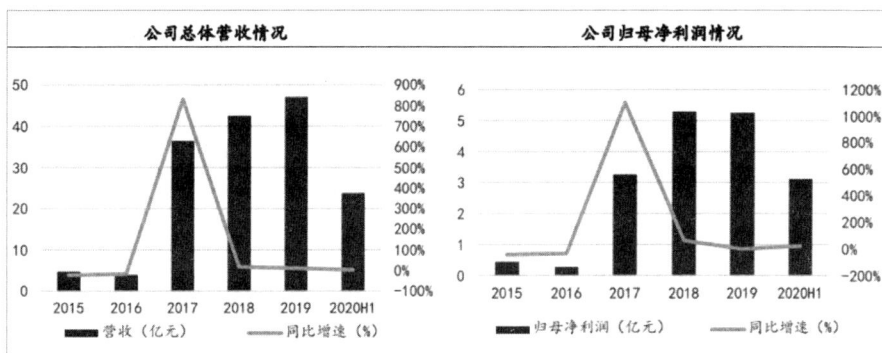

图 1-4 昊华科技 2015 年到 2020 年 9 月的总体营收和归母净利润

从图中可以看到，2017—2019 年，公司总体营收和归母净利润稳中有增，展现了良好的业务稳定性，研究报告给出当时的合理市盈率在 40 倍左右。

但截至 2019 年，公司的市盈率仅有 33.73 倍，在公司军品业务稳健增长、毛利率保持高位的情况下，其估值水平被显著低估。根据昊华科技所处化工行业的性质来看，其未来有较大的估值修复空间。

那么很明显，这是一只适合价值投资的股票。价值投资在寻找到这样的股票并确定其潜力时，就要同步结合其股价的走势进行考量。

如图 1-5 所示是昊华科技 2020 年 12 月到 2022 年 1 月的 K 线图。

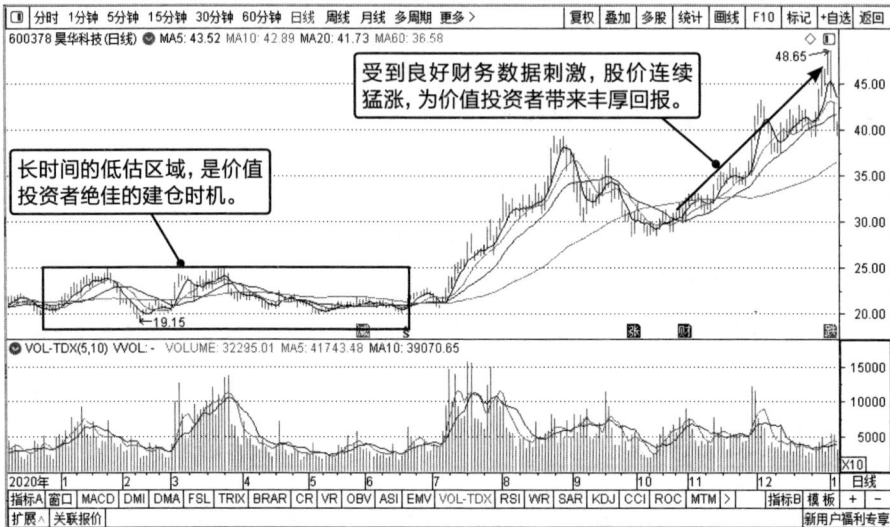

图 1-5　昊华科技 2020 年 12 月到 2022 年 1 月的 K 线图

从图中可以看到，昊华科技在 2020 年 12 月到 2021 年 6 月期间，一直处于盘整状态，虽偶有波动但幅度也不大。而结合基本面数据来看，此处的盘整也正是市场的低估区域，是价值投资者绝佳的建仓机会。

无论投资者是在哪个位置建仓，只要该股还未出现明显拉升，就可以一直保持持有。这也是价值投资的特点之一，通常需要投资者长期持仓，才能够换取较高的回报。

2021 年 10 月底，昊华科技发布公司财务报告，数据显示公司 2021 年前三季度实现营收 51.82 亿元，同比增长 39.2%。这表明公司业务顺利开展，业绩持续超预期兑现，股价的下跌是市场对该股的再次低估，价值投资者不仅不能放开筹码，还要在回调低位持续加仓。

从后续的发展来看，这显然是一个正确的决定，昊华科技的这一波拉升持续时间较长，且较为稳定。从回调底部的 28.00 元左右到高位的 48.65 元，其涨幅达到了 74%，为投资者带来了丰厚的收益。

而单纯分析技术面的投资方法缺少了内在价值评估的支撑，很难长时间保持对某只股票坚定看好，往往在中途便会急于兑现利润，从而压缩自己的获益空间，由此可见价值投资的优势。

## 1.2.2  跟随明星基金选股

在股市中获利的投资者，一般也会对基金有所了解。

基金的运营原理简单来说，就是汇集众多分散投资者的资金形成资金池，委托基金管理人按其投资策略统一进行投资管理，为众多投资者赚取利益。相较于风险较大的炒股，基金是一种利益共享、风险共担的集合投资方式。

其中，基金管理人的投资经验和管理资格会经过基金公司的层层审核，并且其背后大多还会存在一个专业研究市场热点的团队，对基金投资的方向以及仓位进行严格把控。

无论是从专业角度还是信息对称角度，基金背后的管理团队都具有巨大的优势。所谓站在巨人的肩膀上能够看到更远的风景，普通投资者也可以对一些明星基金的重仓股进行研究和参考，这样能够比较快捷地选择适合自己的股票。

那么，如何查看基金的持仓呢？

◆ 每季度的结束之日起 15 个工作日内，基金季度报告需要在指定报刊和管理人网站上进行披露。

◆ 在上半年结束之日起 60 个工作日内，基金管理人需要在指定报刊上披露半年度报告摘要，在管理人网站上披露半年度报告全文。

◆ 每年结束之日起 90 个工作日内，基金管理人需要在指定报刊上披露年度报告摘要，在管理人网站上披露年度报告全文。

基金的每季度前十大股票持仓会在季度报告中披露，并在各个基金网站进行同步更新（例如天天基金网和蚂蚁财富），方便投资者查看。

需要注意的是，每一只基金投资的方向都会有所侧重。有的基金偏向某行业或某板块股票，有的基金偏向债券，有的基金则跟踪大盘指数等，不是每一只明星基金的重仓股都值得参考。

投资者在选择参考基金时最好选择混合型基金或股票型基金，尤其是往期业绩良好、避险能力优秀的老牌基金。这些基金的重仓股多数是目前市面上偏成长型的热点股或是稳步上涨的价值股，这样才能够保证这只基金的盈利能力。

如果目标基金对于某部分股票长期重仓持有，并在后续还有加仓操作的，投资者可给予重点关注，这说明该股存在很大的上涨潜力，后期很有可能会出现大幅盈利。

下面来看具体的案例。

**实例分析**

## 亿纬锂能（300014）跟随明星基金选股解析

投资者在寻找绩优基金时，可以在基金排行榜中选择各个周期的单位净值增长率排名。本案例就将使用近一年的单位净值增长率排名，并选择截至2022年1月排名第二的前海开源新经济混合A（000689）。

如图1-6所示是前海开源新经济混合A在2021年1月到2022年1月的累计收益率走势。

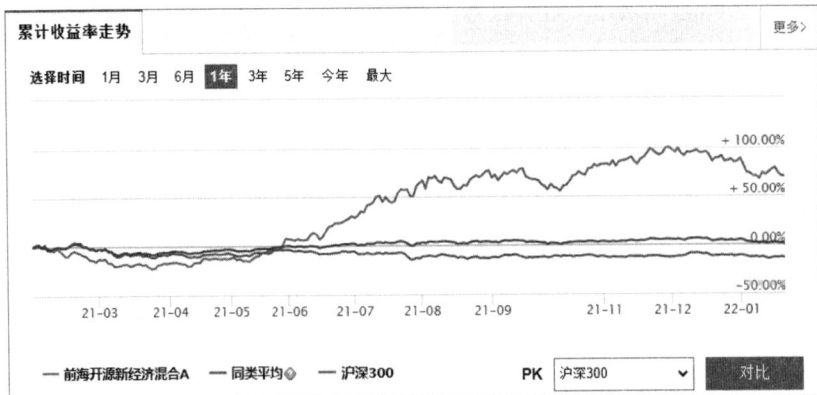

图1-6　前海开源新经济混合A 2021年1月至2022年1月的累计收益率走势

从图中可以看到，前海开源新经济混合 A 的累计收益率走势有非常明显的上升，且相较于同类平均数据以及沪深 300 的走势，该基金有着较大的优势。接下来，再来看该基金的性质和投资方向。

从名称上来看，这是一只混合型基金，初步符合选股要求；从其披露的投资方向上来看，该基金主要投向新经济，涵盖新能源、新材料、新海洋、新 TMT、新生物、新制造和新技术等各新兴行业，都是目前市面上比较热门的板块。综合考量下，其重仓股值得投资者参考。

如图 1-7 所示是前海开源新经济混合 A 披露的 2021 年前 3 个季度股票持仓靠前排名。

**前海开源新经济混合 A 2021 年 1 季度股票投资明细**　　截止至：2021-03-31

| 序号 | 股票代码 | 股票名称 | 相关资讯 | 占净值比例 | 持股数（万股） | 持仓市值（万元） |
|---|---|---|---|---|---|---|
| 1 | 300035 | 中科电气 | 股吧 行情 | 9.57% | 82.97 | 889.44 |
| 2 | 002756 | 永兴材料 | 股吧 行情 | 9.30% | 18.61 | 864.25 |
| 3 | 300568 | 星源材质 | 股吧 行情 | 9.20% | 31.23 | 855.08 |
| 4 | 600110 | 诺德股份 | 股吧 行情 | 8.29% | 104.88 | 770.87 |
| 5 | 300118 | 东方日升 | 股吧 行情 | 8.18% | 51.48 | 760.36 |
| 6 | 300014 | 亿纬锂能 | 股吧 行情 | 7.89% | 9.76 | 733.46 |

**前海开源新经济混合 A 2021 年 2 季度股票投资明细**　　截止至：2021-06-30

| 序号 | 股票代码 | 股票名称 | 相关资讯 | 占净值比例 | 持股数（万股） | 持仓市值（万元） |
|---|---|---|---|---|---|---|
| 1 | 300014 | 亿纬锂能 | 股吧 行情 | 7.78% | 104.86 | 10,898.10 |
| 2 | 300438 | 鹏辉能源 | 股吧 行情 | 7.23% | 442.63 | 10,136.11 |
| 3 | 002594 | 比亚迪 | 股吧 行情 | 7.18% | 40.10 | 10,065.10 |
| 4 | 300750 | 宁德时代 | 股吧 行情 | 6.75% | 17.69 | 9,460.61 |
| 5 | 300035 | 中科电气 | 股吧 行情 | 6.50% | 372.76 | 9,113.00 |

**前海开源新经济混合 A 2021 年 3 季度股票投资明细**　　截止至：2021-09-30

| 序号 | 股票代码 | 股票名称 | 最新价 | 涨跌幅 | 相关资讯 | 占净值比例 | 持股数（万股） | 持仓市值（万元） |
|---|---|---|---|---|---|---|---|---|
| 1 | 300014 | 亿纬锂能 | 97.30 | 1.67% | 变动详情 股吧 行情 | 9.81% | 651.10 | 64,478.19 |
| 2 | 600563 | 法拉电子 | 197.47 | -2.24% | 变动详情 股吧 行情 | 8.80% | 323.43 | 57,816.85 |
| 3 | 002594 | 比亚迪 | 250.40 | -0.27% | 变动详情 股吧 行情 | 8.59% | 226.24 | 56,449.34 |
| 4 | 300750 | 宁德时代 | 569.49 | 0.06% | 变动详情 股吧 行情 | 7.11% | 88.89 | 46,732.14 |
| 5 | 300118 | 东方日升 | 23.45 | -0.09% | 变动详情 股吧 行情 | 6.04% | 2,061.89 | 39,732.61 |

图 1-7  前海开源新经济混合 A 在 2021 年前 3 个季度股票持仓靠前排名

从图中可以看到，前海开源新经济混合 A 披露了 2021 年前 3 个季度的持仓数据。从其持仓变动来看，有一只股票十分显眼，即亿纬锂能。

在 2021 年第一季度，该股的持仓仅有 9.76 万股，占净值比例为 7.89%，处于排名第六的位置。而到了第二季度，其披露的持仓就已经达到了 104.86 万股，占净值比例为 7.78%，在其他股票持仓比例摊开的情况下一举冲上了第一位。2021 年第三季度，其持仓更是达到了 651.10 万股，占净值比例为 9.81%，与其他重仓股拉开了更大的距离。

可以看出该基金背后的管理人在不断地向亿纬锂能加仓，并且加仓力度越来越大。这表明该股受到了基金管理团队的高度认可，能够为该基金带来巨大的收益，那么投资者就可以将这只股票作为重点参考对象。

如图 1-8 所示是亿纬锂能 2021 年 1 月到 12 月的 K 线图。

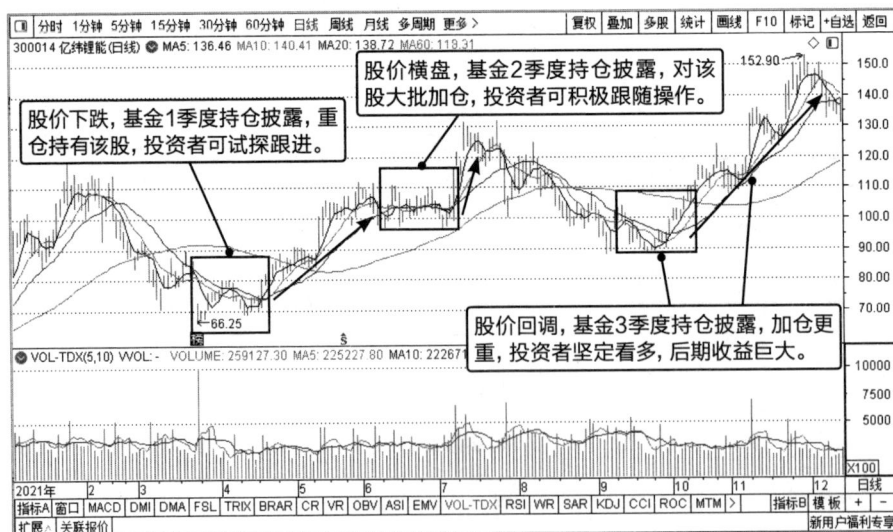

图 1-8　亿纬锂能 2021 年 1 月到 12 月的 K 线图

从图中可以看到，亿纬锂能在 2021 年 1 季度期间是处于下跌状态的。但在季度末，前海开源新经济混合 A 公布持仓时，该股依旧占了 7.89% 的净值比例，此时股价已经跌到 70.00 元价位线附近。

投资者在观察到该热门基金如此重仓一只下跌了近两个月的股票时，就要引起注意了，这有可能是一只潜力股。当该股跌势减缓时，投资者就可以大胆建仓试探。

果然，该股在 2 季度出现了迅猛上涨，从 70.00 元附近快速拉升至 110.00 元左右，但在 6 月期间股价涨势减缓，出现了横盘。此时已经接近 2 季度末，基金持仓即将披露，投资者可以待到公告发布后再跟随其操作。

在 6 月末，前海开源新经济混合 A 再次公布持仓，此次的亿纬锂能已经冲到了该基金重仓股的第一位，加仓量为 95.10 万股。见此情形，投资者就无须犹豫，立刻紧随其后进行建仓或是加仓操作。

7 月，亿纬锂能在又一次上冲之后进行了回调，并且跌幅较深，对市场情绪有一定打击。但从前期前海开源新经济混合 A 的加仓量来看，该股潜力还未耗尽，很有可能在整理后会继续上冲，投资者要紧抓不放。

9 月末也就是 3 季度末，基金持仓报告披露，数据显示前海开源新经济混合 A 在 3 季度中，再次向下跌的亿纬锂能追加了 546.24 万股。这充分表明了基金经理高度看涨的态度，投资者可以积极跟随基金管理团队的步伐再次加仓。

2021 年的第四季度，亿纬锂能的价格迎来新高。截至 11 月末，该股已经上涨到了 152.90 元，相较于 1 季度末的 66.25 元，涨幅近 131%。

这一年内，投资者能够通过对前期前海开源新经济混合 A 持仓数据的跟踪，成功抓住一只高成长性的潜力股，就算多数投资者不能从 1 季度坚持持有到 4 季度，但分段买卖的操作也能够为自己带来大额的收益，可见跟随明星基金选股也是一种非常不错的方式。

## 1.2.3 关注经济指标选股

经济指标是经济研究、分析、计划和统计以及各种经济工作所通用的工具，是金融及经济的数据片段，主要包括 GDP、CPI、利率和 PMI 等。

这些经济指标数据会影响各个行业以及企业的发展，并且从宏观上来看，经济自身也具有不同的周期。经济活动会沿着经济发展的总体趋势进行有规律的扩张和收缩，具体分为繁荣、衰退、萧条和复苏 4 个阶段。

而每一个阶段对应的发展重点都不尽相同，但通过其中经济指标数据的变动，投资者就能够寻找到适宜的方向。

### （1）国内生产总值 GDP

GDP 是一个国家或地区所有常住单位在一定时期内生产活动的最终成果，是国民经济核算的核心指标，也是衡量一个国家或地区经济状况和发展水平的重要指标。

一个国家或地区的经济究竟是处于增长阶段还是衰退阶段，从这个数字的变化便可以观察到。一般而言，当 GDP 的增长数字处于正数时，即显示该国家或地区经济处于扩张阶段；反之，如果 GDP 的数字处于负数，即表示该国家或地区的经济进入衰退时期。

而在很多经济学理论中，都会将股票市场的增长和 GDP 的增长挂钩。股票市场是宏观经济的晴雨表，宏观经济是股票市场的风向标，这一点往往会在大盘指数的波动中得到充分体现，投资者可以根据指标的变动，顺势而为。

### （2）居民消费价格指数 CPI

CPI 是反映与居民生活有关的消费品及服务价格水平的变动情况的重要宏观经济指标，也是宏观经济分析与决策以及国民经济核算的重要指标。

一般来说，CPI 的高低直接影响着国家宏观经济调控措施的出台与力度，如央行是否调息、是否调整存款准备金率等。

同时，CPI 的高低也间接影响着股票市场的变化。一般情况下，物价上涨带动 CPI 上涨，股价上涨；物价下跌带动 CPI 下跌，股价也下跌。

### （3）利率

利率对宏观经济的影响主要体现在利率政策上。利率政策是我国货币政策的重要组成部分，也是货币政策实施的主要手段之一。

中国人民银行根据货币政策实施的需要，适时地运用利率工具，对利率水平和利率结构进行调整，进而影响社会资金供求状况，实现货币政策的既定目标。

当利率上调，有助于吸收存款，抑制流动性，抑制投资热度，控制通货膨胀，稳定物价水平；当利率下调，有助于刺激贷款需求，刺激投资，拉动经济增长。

### （4）PMI 指标

PMI 指标是一套月度发布的、综合性的经济监测指标体系，分为制造业 PMI、服务业 PMI 和建筑业 PMI，PMI 指数 50% 为荣枯分水线。

PMI 的每项指标均反映了商业活动的现实情况，而综合指数则反映制造业、服务业或建筑业的整体增长或衰退。因其包含指标的涵盖范围较广，所以有助于详细分析行业发展走势的成因，为国家宏观经济调控和指导企业经营提供了重要依据。

同时，PMI 指标可以与上月进行比较，能够帮助投资者及时发现经济转折的迹象，并做出相应的投资决策。例如，如果制造业综合指数持续高于 50%，表示整个制造业经济在扩张；反之则表示制造业经济下降。

那么接下来就通过一个案例，对如何使用经济指标中的 PMI 指标来选股进行解析。

**实例分析**
### 恩捷股份（002812）通过 PMI 指标选股解析

本案例选取 2021 年 3 月期间的 PMI 指标，结合同时期的景气行业与热门发展方向进行解析，以选择适宜的个股。

如图 1-9 所示是制造业 PMI 综合指数 2020 年 3 月到 2021 年 3 月的走势。

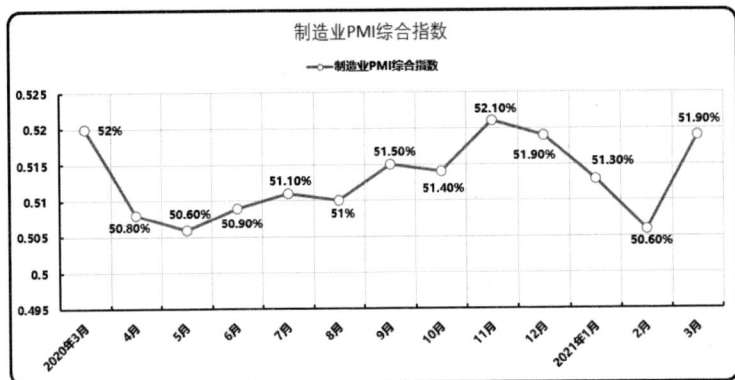

图1-9 制造业PMI综合指数2020年3月到2021年3月的走势

从图中可以看到，2021年3月的制造业PMI综合指数为51.90%，较上月抬升1.3%，并且连续12个月位于50%的临界点以上，表明制造业生产复工仍在加快。

同时，2021年3月的新订单指数较上月上升了2.1%，达到53.6%，代表需求端扩张步伐加快，制造业产需两端同步回升。

PMI的各项指标显示，高技术制造业和装备制造业的PMI分别为53.9%和52.9%，高于制造业总体2.0%和1.0%。电气机械器材、计算机通信电子设备及仪器仪表等行业的两个指数均高于55.0%，表明相关行业供需扩张较快，景气度较高。

从PMI数据可以看出，随着制造业的复苏与扩张，部分行业开始出现走强迹象。投资者在读懂数据后，就可以将有关行业划入高度关注范围内，再对这些行业进行深入解析。

从热门板块来看，锂电池制造方向是比较契合的。

首先，锂电池概念板块包含电气设备、工程机械和电器仪表在内的数个细分行业，基本囊括了3月的制造业PMI所指向的景气行业；其次，锂电池制造与热门板块新能源汽车密切相关，2021年以来，国内和国外对新能源汽车的需求不断增长，全年销量继续保持高速增长。

受其影响，掌握核心技术的行业龙头将享受需求与价格、市占率共同提升的多重红利，如碳纳米管领域；同时，海外业务占比较高的龙头也将充分受益，如隔膜、负极领域。从这些条件上来看，全球锂电隔膜的龙头恩捷股份就十分符合。

恩捷股份主生产锂电池隔膜，具有产能高、成本低、产品优和客户多的综合优势。在发展历程中，公司通过收购捷力、纽米科技，将消费电池纳入经营范围中，同时积极开拓海外市场，全球份额不断提升，具有较强的成长性。

2021 年 3 月，恩捷股份公布 2020 年年报与 2021 年 1 季度预计报告。公司 2020 年实现营业收入 4 283.00 亿元，同比增长 35.6%，归母净利润 11.20 亿元，同比增长 31.3%；2021 年 1 季度业绩预告，预计归母净利润 3.90 亿元～4.50 亿元。良好的历史营收数据和具有野心的展望，使其成为投资者的优选对象。

如图 1-10 所示是恩捷股份 2021 年 1 月到 9 月的 K 线图。

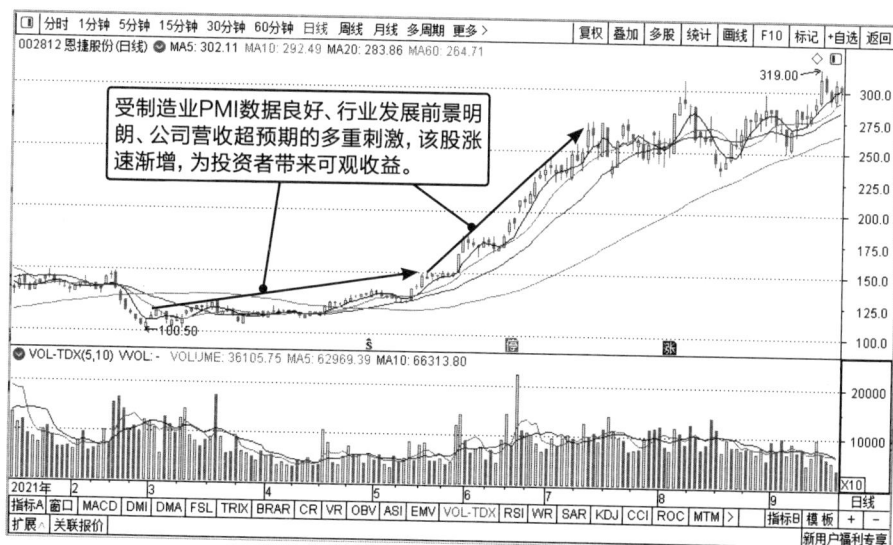

图 1-10　恩捷股份 2021 年 1 月到 9 月的 K 线图

从图中可以看到，恩捷股份在盘整了一段时间后，从 3 月开始有所回升。在制造业 PMI 数据良好、行业发展前景明朗以及公司营收超预期的多重刺激下，该股涨速渐增，并在 5 月到 6 月期间出现了快速拉升，涨幅十分可观。

如果投资者在前期能通过经济指标 PMI 数据的公布，一步一步地从宏观经济分析到行业，再从行业分析到具体的企业，自上而下选股，大概率能够选到牛股。再选择其相对低位入场，相信投资者的收益也会超预期。

## 1.3 控制风险与收益的匹配度

在股市中靠低吸高抛赚取差价，一定是有风险的，相信投资者对此有过深刻的体会。市场上从来没有出现过完全安全的股票，在未来也不可能出现。既然风险无法避免，那么就要靠投资者自己降低。

在炒股实战中，规避和防范风险是第一要务，也是取得长期成功的前提和保障。那么，普通投资者在选股时要如何有效地降低风险呢？无非是筛选掉问题企业和过度高估的企业。

### 1.3.1 避开风险度较高的股票

选股票的本质也就是选企业，一家管理得当、盈利能力优秀且发展潜力大的上市公司，其股价从大趋势上来看应该是不断上扬的。而顺应股价趋势而为，也是投资者炒股的一大原则，所以对于企业的选择就显得十分有必要。

大部分谨慎型投资者和风险厌恶型投资者，都偏向于追逐股价的单边趋势，在稳定的牛市中盈利。这就导致了这部分投资者对股票背后的上市公司的选择比较严苛，往往会查阅大量的资料进行筛查。

这样的挑选方式虽然会消耗投资者一些精力和时间，但经过挑选的好企业为投资者带来的收益，能够与之匹配。

但有些风险偏好较高的投资者却喜欢在冷门而又波动大的股票中操作，甚至会铤而走险接盘连续跌停的股票，以期获得短时间的投机利润。

这样的操作方式有时候确实会带来意想不到的高收益，但其操作难度较高，买卖点很难精准把握，大多数时候投资者需要面临的是与当前的微薄收益不相匹配的高风险。

所以普通投资者还是尽量避开这些高风险股票，对于一些问题企业也要敬而远之。下面是一些典型的问题企业，投资者可以引为参考。

- ◆ 有严重经济诉讼纠纷、公司财产被依法查封的上市公司。
- ◆ 连续几年出现亏损、负债占比过大、有宣告破产风险的上市公司。
- ◆ 被中国证监会列入摘牌行列的特别处理公司。
- ◆ 虚构财务、业绩等数据以获得上市资格、有征信风险的上市公司。
- ◆ 有严重违规行为、被相应监管组织通报批评的上市公司。
- ◆ 社会讨论度较高、股价容易受舆论影响的上市公司。

其中比较好甄别的是连年亏损的上市公司。如果公司经营连续两年亏损，其股票名称会出现 ST 字样，表示特殊处理；如果公司经营连续三年亏损，则会出现 *ST 字样，表示退市预警。

但仅靠这一种方式显然并不能筛选掉所有的问题企业，除了经济效益上的亏损，有些企业还会出现严重的管理和经营方面的问题，并且其资产与负债比例也无法从表面上看出。投资者一定要注意从多方面来了解企业的真实状况，包括基本的财务数据和专业机构的研究报告。

下面来看具体的案例。

**实例分析**

## *ST 节能（000820）筛选问题企业的解析

*ST 节能原名神雾节能，该企业主要推广蓄热式转底炉处理钢铁粉尘、有色冶炼渣技术，具体业务以传统冶金行业设计项目为主。

如图 1-11 所示是 *ST 节能 2019 年 3 月到 2020 年 3 月的历史业绩数据。

| \*ST节能历史业绩 | | | | | | | | | |
|---|---|---|---|---|---|---|---|---|---|
| 报告期 | 营业收入 | | 净利润 | | 每股收益 (元) | 每股净资产 (元) | 每股经营现金流量 (元) | 股息率 (%) | 净资产收益率 (%) |
| | 营业收入 (元) | 同比增长 (%) | 净利润 (元) | 同比增长 (%) | | | | | |
| 2020-03-31 | 0 | - | -5365万 | -43.98 | -0.08 | -3.17 | 0 | - | -2.69 |
| 2019-12-31 | 1623万 | 25.84 | -20.4亿 | -211.08 | -3.21 | -3.08 | -0.08 | - | -216.5 |
| 2019-09-30 | 1463万 | 236.83 | -1.44亿 | -13.35 | -0.23 | 0.07 | -0.07 | - | -121.36 |
| 2019-06-30 | 752万 | 380.24 | -8652万 | -4.68 | -0.14 | 0.16 | -0.04 | - | -58.6 |
| 2019-03-31 | 202万 | -0.51 | -3726万 | 44.17 | -0.06 | 0.24 | 0 | - | -21.63 |

图 1-11　\*ST 节能 2019 年 3 月到 2020 年 3 月的历史业绩数据

从图中可以看到，\*ST 节能在 2019 年的报告期内，其营业收入为 1 623.00 万元，同比增长 25.84%；归属于上市公司股东的净利润为 -20.40 亿元，同比下降 211.08%；净资产收益率为 -216.5%，基本每股收益 -3.21 元。

从数据上可以看出，该公司 2019 年出现了大额亏损，20.40 亿元的亏损给企业带来了巨大的负面影响。而该公司业绩大跌的主要原因是公司大额资产减值、违规担保计提预计负债等相关事项。报告期内，受流动性紧张影响，公司在建项目基本停滞，业务规模大幅萎缩。

同时，截至报告期末，公司预付账款账面余额共计 12.24 亿元，违规担保总额 2.20 亿元，未偿清担保额 2.19 亿元。涉及案件均已二审败诉并被驳回再审申请，公司需对 2.19 亿元违规担保事项承担连带担保责任。

一系列的负面消息与亏损数据的浮现，直接导致了 \*ST 节能在股市上的剧烈反应。如图 1-12 所示是 \*ST 节能 2019 年 3 月到 2020 年 3 月的 K 线图。

从图中可以看到，\*ST 节能在 2019 年 4 月到 5 月期间出现了连续暴跌，其原因在于接连两次的改名。

第一次改名在 4 月中上旬，该股由神雾节能改为 ST 节能，这代表中国证监会经过对该企业财务数据的审核，认定其亏损严重需要做特殊处理，限制其涨跌幅为 5%。

此次改名使得本就不太乐观的股价直接出现了连续的一字跌停，而 5 月初的第二次改名更是加剧了跌势。第二次改名由 ST 节能改为 \*ST 节能，表明该股经证监会认定，已经处于退市预警状态。

对于投资者来说，代表着该股极其危险。在上市公司扭亏为盈之前，其股价后续的下跌空间难以预测，无论是何种风险偏好的投资者都不宜参与。就算后续股价会出现反弹或是上涨，其风险也远远大于收益，投资者没有必要紧盯着这一只股票。

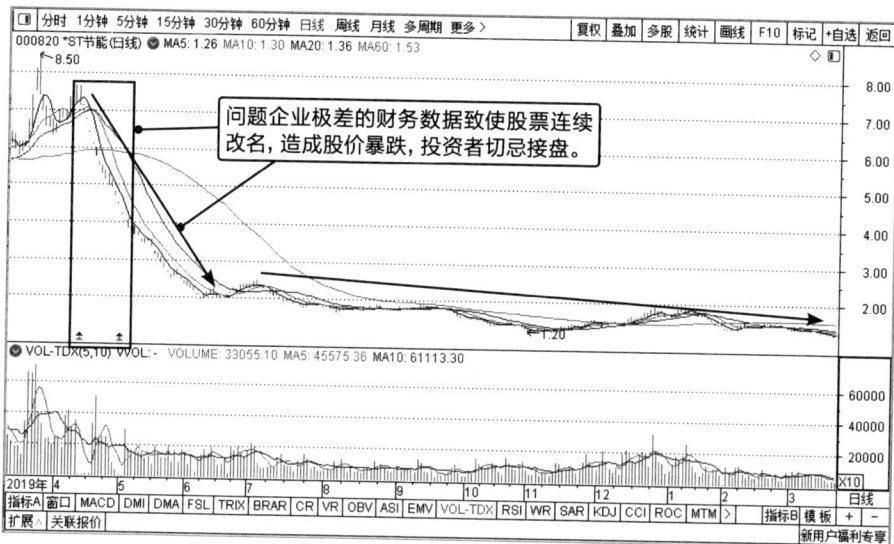

图 1-12　*ST 节能 2019 年 3 月到 2020 年 3 月的 K 线图

## 1.3.2　学会使用安全边际

安全边际的概念最初由格雷厄姆创立价值投资理论时提出，后来由其学生巴菲特继承发扬，是价值投资理论中最重要、最核心的原则之一。

格雷厄姆最初提出的理论，认为只要企业的市场价值低于其运营资产，就可以认为是具备了安全边际。但随着时代的发展和投资理念的进步，安全边际的概念在不断完善。

现在，安全边际是指股票价值被低估，股价远远低于股票内在价值，这二者之间的差值就是安全边际。由于其实际价格与内在价值之间的距离类似于一个缓冲坑，所以安全边际也被称为价值洼地。

当一只股票的安全边际越大，投资者在判断失误时遭受的损失也会越小。这是因为当一只股票被严重低估时，只要企业正常运营，其下跌空间是有限的。

但对应的，当一只股票没有安全边际，这代表该股目前处于被高估的状态。这是比较危险的，对于投资者来说基本没有缓冲余地，一旦出现基本面的利空消息，就很有可能引起市场恐慌，造成踩踏式暴跌。所以，投资者要尽量避开被市场过度炒作而被过于高估的股票。

下面来看具体的案例。

**实例分析**

## 仁东控股（002647）避开过度高估股票解析

如图1-13所示是仁东控股2019年11月到2020年11月的K线图。

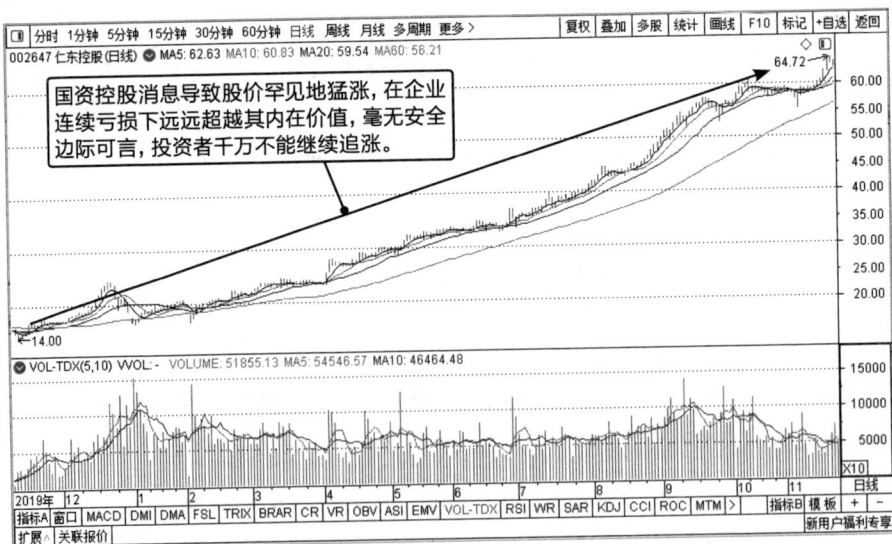

图1-13 仁东控股2019年11月到2020年11月的K线图

仁东控股曾经是2020年市场上炙手可热的一年翻几倍的大牛股，数据显示，该股自2020年1月的20.00元左右上涨至11月20日的年内高点64.72元，其累计涨幅高达223.6%左右。

如果再将时间拉长，2019 年 11 月时，仁东控股的股价一度低至 14.00 元，而仅仅一年时间，其股价就大涨 362.29%。究其根本，最重要的领涨原因是国资股东的加入。

2019 年 7 月，仁东控股原控股股东仁东信息，将其持有的 21.27% 的仁东控股股份对应的股东权利，委托给北京市海淀区国资委旗下的海科金集团进行管理。2019 年 11 月，仁东控股股东变更为海科金集团，实际控制人变更为北京市海淀区国资委。

国资控股消息的放出，给了当时低迷的市场一剂强心针，再加上主力的借势炒作，仁东控股的股价开始一路狂飙，市场狂热的追涨气氛也有愈演愈烈的趋势。

但在股价猛涨的同时，其背后的运营数据却令人失望。财报数据显示，仁东控股 2020 年前 3 季度累计实现营业收入 17.54 亿元，同比增长 89.77%，但净利润却亏损 2 192.30 万元，同比下降 144.50%。

此外，仁东控股还面临流动性危机。截至 2020 年 9 月 30 日，仁东控股流动负债合计 23.00 亿元，其中 3 个月内到期的流动负债高达 21.42 亿元。

公司还在回复深交所关注函的公告中称，"不排除存在到期债务无法如期偿付的风险"。截至 2020 年 10 月 25 日，仁东控股货币资金合计 13.65 亿元，其中受限的货币资金 13.14 亿元，未受限的货币资金仅 0.51 亿元。

很明显，仁东控股经过连续上涨，其现价已经远远大于内在价值，从价值洼地走到了价值高地，甚至在差劲的数据公布后还有继续上涨的趋势。这一切都表明了该股被市场过度地高估和炒作，投资者实在不应该受到这种不理智的炒作气氛影响，进而在高位追涨。

如图 1-14 所示是仁东控股 2020 年 9 月到 2021 年 3 月的 K 线图。

就在 2020 年 11 月，北京市海淀区国资委决定终止海科金集团对仁东控股为期一年的协议托管，公司控股股东重新变更为仁东信息。

消息公告后，仁东控股股价拉锯多日，最终在 11 月 25 日彻底崩盘，开启连续跌停模式，直至 12 月 14 日以 13.76 元收盘，停止了连续 14 个交易日的跌停，较之 11 月 20 日 64.72 元的年内高点，大跌 78.74%。

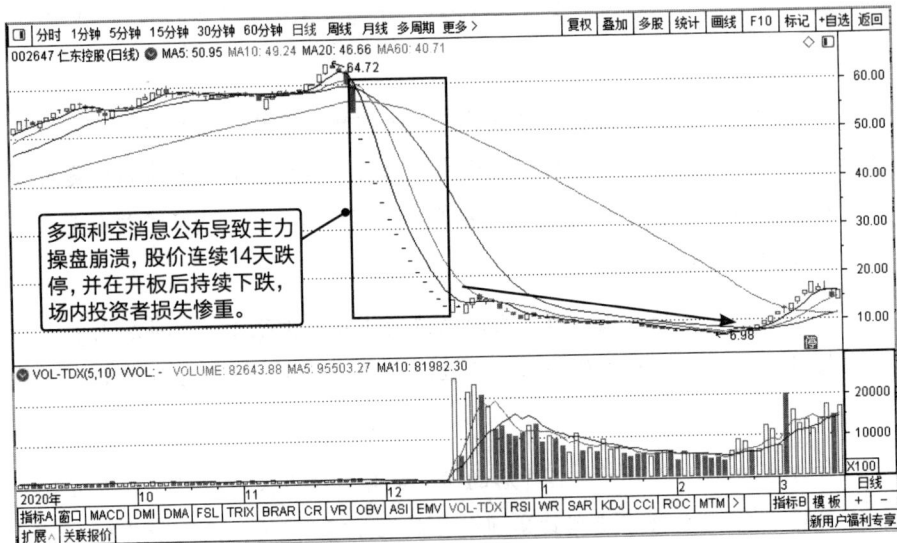

图 1-14　仁东控股 2020 年 9 月到 2021 年 3 月的 K 线图

　　而当时的市场中，无论是资金雄厚的机构投资者还是资金分散的散户，都在如此惨烈的跌势中遭受了极为沉重的打击。

　　这一切都源于投资者的疯狂追涨以及对安全边际的视而不见。如果在该公司的财务数据公布之时投资者能理智一些，冷静地回顾一下前期与其价值明显不匹配的暴涨，早一点接收到警告信号，及时止盈出局，也不会遭到如此惨重的损失。

# 第2章

## 板块中选股：龙头黑马紧跟住

　　股票市场中有着大量的个股，这些个股又被分为了大大小小上百个板块，每一个板块都有其特点，比如企业的主营业务也具有高度的相关性。当某一板块的发展受到重视或是具有长期的成长性时，投资者就可以对这些板块的龙头企业进行考察，从而找到优质个股。

- **行业板块寻龙头股**
- **概念板块找黑马股**
- **指数板块看绩优股**

# 2.1 行业板块寻龙头股

行业板块指的是将某些处于同一行业的股票划归为一类，得出的一种分类板块。例如，钢铁行业包含的股票，其背后的企业就主营与钢铁有关的业务，银行行业里的都是各种银行股票，房地产行业就会包含从建筑公司到销售公司的股票。

行业的分类法有道琼斯分类法、标准行业分类法、国民经济行业分类法和上市公司行业分类法等。依据行业分类方法的不同，行业板块也有不同的理解方式，但从大方向来说差距不大，投资者可任意选择。

## 2.1.1 什么样的行业值得介入

企业未来的发展潜力与所处的行业前景息息相关。当一个行业处于高速发展期，其内部的诸多企业都会受到影响，在大趋势的带动下创造出更大的价值，其股价自然也会水涨船高。

那么，什么样的行业值得投资者关注与介入呢？

### （1）朝阳行业

一个行业的朝夕与否，取决于其所处的生命周期。行业的生命周期是指行业从出现到完全退出社会经济活动所经历的时间，主要包括 4 个发展阶段：幼稚期、成长期、成熟期和衰退期。

而朝阳行业就处于成长期与成熟前期之间。这一时期的市场增长率很高，需求高速增长，技术渐趋定型，行业特点、行业竞争状况及用户特点已比较明朗，行业进入壁垒提高，产品品种及竞争者数量增多。

处于这一阶段的行业有相当大的拓展空间，其中包含了未来的创新带动产业，以及能够发展成为支柱产业的行业，比如消费电子行业、5G 通信行业、生物工程行业和碳中和行业等。

从价值投资的角度来看，这些行业是相当优秀的投资目标。只要其顺应宏观经济趋势发展，并且未受到重大打击，那么长期持有这些行业的优势股，就能够为投资者带来不菲的收益。

### （2）国家长期扶持的行业

大多数行业的发展都会受到国家政策的影响，而国家对一个行业的重视与扶持，会直接决定其发展前景和空间的大小。对于投资者来说也会产生间接的影响，抓住了扶持行业，也就抓住了稳定的增长收益。

比如，国家目前重点扶持的方向有电子信息、生物与新医药、航空航天、新材料、高技术服务、新能源与节能、资源与环境、先进制造与自动化等。投资者可在这些重点扶持方向涉及的相关行业和细分领域中进行筛选与考量。

### （3）高利润行业

高利润行业也是投资者的首选目标之一。一般来说，当一个行业的整体毛利水平普遍较高，企业营收增长强劲，部分龙头企业发展快速，那么该行业在整个经济体系中的竞争地位是占优的。

相对来说，我国利润较高的行业有医疗保健、食品饮料、通信和医疗器械等，这些高利润行业往往会在股票的内在价值上有亮眼的表现。

随着盈利的增长，其市场认可度也会越来越高，企业的内在价值不断被拔高的同时，股价也会一路向好。只要投资者选择了适宜的介入时机，获得丰厚利润就不成问题。

下面来看具体的案例。

**实例分析**
### 爱尔眼科（300015）优质行业选股解析

医疗保健在我国一直是一个万亿级的大市场。不同于医药行业，医疗保健更注重保养与健康疗养方向，这对于老龄化日趋明显的中国来说，无疑是一个具有长期发展潜力的行业。

2019 年 7 月，《国务院关于实施健康中国行动的意见》印发，文件中明确提出了健康中国指导思想和 2022 年到 2030 年我国医疗卫生事业总体目标。《意见》中注重"治未病"，对医疗保健行业及其他医疗服务板块产生了强有力的利好作用。

如图 2-1 所示是医疗保健行业 2019 年 7 月到 2021 年 7 月的 K 线图。

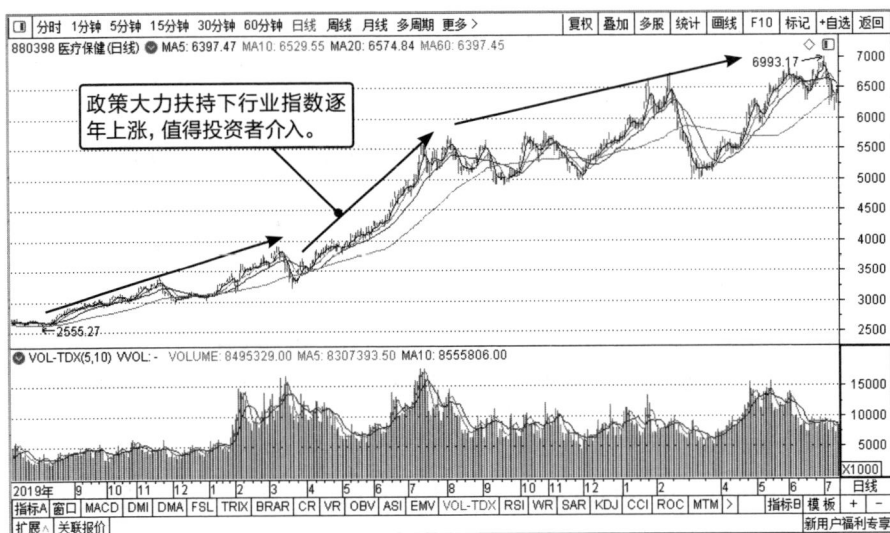

图 2-1　医疗保健行业 2019 年 7 月到 2021 年 7 月的 K 线图

从图中可以看到，医疗保健行业在这段时间内的综合指数一直保持着比较稳定的增速，尤其是在 2020 年 3 月到 7 月期间，行业指数出现了一段快速的增长。

2020 年 3 月 2 日，国家医保局、卫健委发布相关指导意见，将符合条件的"互联网 +"医疗服务费用纳入医保支付范围，目的在于方便参保人员线上就医购药，减少交叉感染风险。

这一政策对医疗保健、互联网医疗和零售药店等板块构成利好，已开展互联网医疗（互联网医院、线上咨询服务）的相关医药企业受益，其中爱尔眼科的优势巨大。

爱尔眼科在 2017 年就开始着手互联网医院的建设，目前已经可以开展在线问诊、远程会诊等服务。

并且在疫情之中，许多中小型企业面临淘汰压力的情况下，爱尔眼科的优质医疗资源使其更具竞争力，进一步稳固龙头地位，是投资者的绝佳投资标的。

如图 2-2 所示是爱尔眼科 2020 年 2 月到 2021 年 2 月的 K 线图。

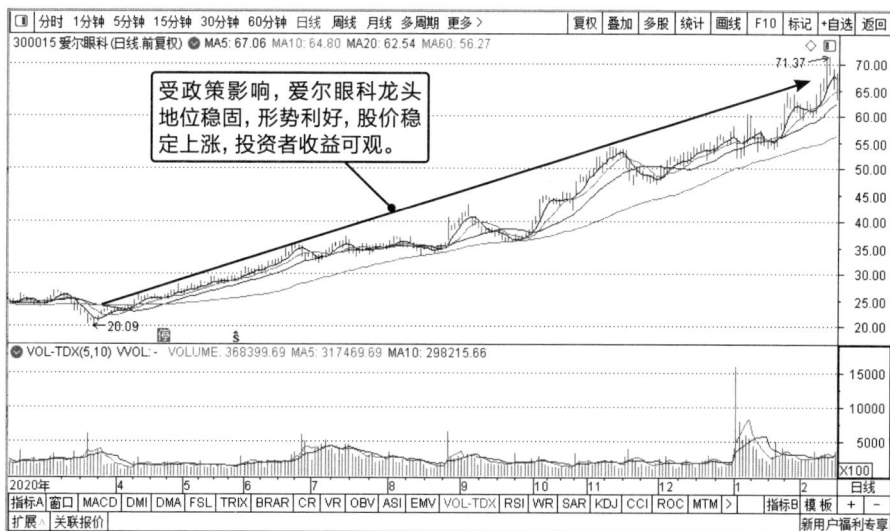

图 2-2　爱尔眼科 2020 年 2 月到 2021 年 2 月的 K 线图

从图中可以看到，爱尔眼科在 2020 年内的走势是比较稳定且持续的。自 2020 年 3 月下旬股价止跌后，便开始一路攀升。截至 2021 年 2 月，该股已经从 20.09 元的低位涨至 71.37 元，一年内的涨幅达到了 255%。

虽然爱尔眼科的股价涨速并不算快，期间也出现了数次回调，但 60 日均线的上扬角度始终维持在一个稳定的范围内。也就是说，市场内的多方推涨力是非常充沛的，投资者可以放心入场做多。

## 2.1.2　周期性行业如何选股

除了常规的以主营业务进行分类的行业，行业板块中还有一类非常具有特性的分类，即周期性行业。

周期性行业是指和国内或国际经济波动相关性较强的行业，其特征就是产品价格呈周期性波动的，产品的市场价格是企业盈利的基础。在市场经济情况下，产品价格形成的基础是供求关系，而不是成本，成本只是产品最低价的保障，但不是决定的基础。

一般意义上的周期性行业是指资源类、大的工业原材料等，行业的周期性就是经济周期。其中典型的行业包括大宗原材料（如钢铁、煤炭等）、汽车、电力、机械、船舶、房地产、有色金属和石油化工等。

当经济高速增长时，市场对这些行业的产品需求也高涨，这些行业所包含企业的业绩改善就会非常明显，其股票就会受到投资者的追捧；而当经济低迷时，固定资产投资下降，市场对其产品的需求减弱，业绩和股价就会迅速回落。

同时，这类行业的产品无差别性，品牌相对弱化，公司的竞争主要体现在成本的控制，以及产能的变化与周期的契合。那么，投资者在周期性行业中选股时，就要对这些方面有所侧重，优选出龙头企业。

下面来看具体的案例。

**实例分析**
### 中国铝业（601600）周期性行业选股解析

2021年开年后，全球通货膨胀预期数据有所抬升，大宗工业金属价格表现抢眼。铜价已创下历史新高，而供给端的铝价已经达到了新高，铜铝板块的价格都有不错的表现。

当时，有色板块包含的公司中，有66家发布了2021年业绩预告，其中有43家预增，23家预减，业绩预增的企业占比较高。而业绩表现较好的公司主要集中在黄金、钴锂和铝等板块，其中，中国铝业表现较好。

中国铝业在 2021 年 3 月发布上年业绩，剔除减值项目后，2020 年公司的税前核心利润为 22.00 亿元，同比增长 143%，这是公司电解铝和氧化铝板块业务扩张、利润提升的缘故。

同时，公司凭借有效的成本控制措施，关闭高成本冶炼厂以及整合上游资源，在行业成本上实现了有效的下沉。除内部结构优化外，公司还通过收购主要外部电解铝企业的股份，以扩大公司电解铝产能，稳固龙头地位。

如图 2-3 所示是中国铝业 2021 年 1 月到 9 月的 K 线图。

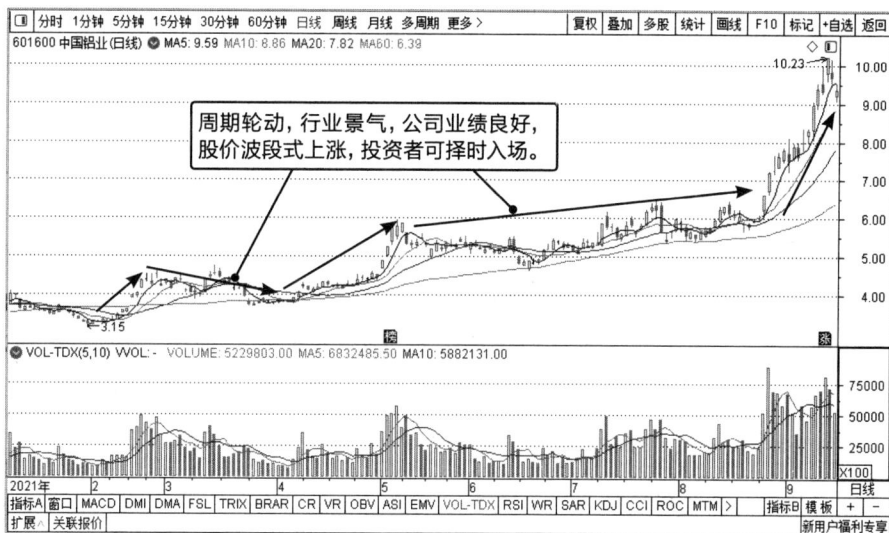

图 2-3　中国铝业 2021 年 1 月到 9 月的 K 线图

从图中可以看到，中国铝业的股价从 2 月就开始拉升，随后在 3 月出现了一次回踩试探，并确认了支撑力。股价在有色行业的周期轮动影响以及公司营收数据的刺激下，出现了持续上涨。

对于投资者来说，无论是从其所处行业景气度还是公司内部运营状况来看，中国铝业都是一个具有发展潜力的投资标的，这一点也能够从其在股市上的表现看出。投资者只需要选择合适的时机介入，持股待涨，大概率能够获得可观的收益。

### 2.1.3　从医药行业中选股

医药行业是我国国民经济的必要组成部分，对于保护和增进人民健康、提高生活质量、救灾防疫、军需战备以及促进经济发展和社会进步，均具有十分关键的作用。

医药行业的主要门类包括化学原料药及制剂、中药材、中药饮片、中成药、抗生素、生物制品、生化药品、放射性药品、医疗器械、卫生材料、制药机械、药用包装材料及医药商业等。

医药作为高技术、高风险、高投入、高回报的产业，一直以来竞争非常激烈。同时，行业的估值居高不下，投资者要选到低价的绩优医药企业，就要重点关注新技术或新产品的研发。

下面来看具体的案例。

**实例分析**
### 凯莱英（002821）医药行业选股解析

近年来，产业环境、社会环境的巨变，使得医药行业进入不断创新的新时代，从化学小分子到疫苗抗体，创新药研发从未停歇，创新技术也不断革新。其中的小核酸药物，就是创新药研究品类中的重要技术进步。

小核酸药物使药物靶点扩大至蛋白质上游，能特异性上调或下调靶基因表达，展现出巨大潜力。这种药物的竞争优势有以下3个。

①小核酸药物被列入行业重点发展领域，受到国家政策支持。

②小核酸药物适应征范围广，应用潜力大。

③企业及投资人大量投入研发资金，使得研究进程加速，产能不断扩大。

已经获批上市的小核酸药物有优异的表现。用于治疗脊髓性肌萎缩症的药物 Nusinersen，上市后截至 2019 年年末，总共实现了约 47.00 亿美元的营收。

如图 2-4 所示是 Nusinersen 从 2016 年到 2019 年的上市销售额。

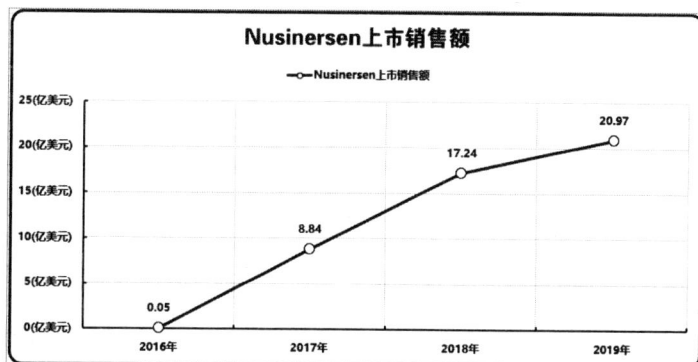

图 2-4　Nusinersen 从 2016 年到 2019 年的上市销售额

从图中可以看到，其应用前景广阔。随着小核酸药物的化学修饰与递送技术不断突破，未来的供给端与销售端量能匹配，必将使发展空间进一步扩大。

无论是从盈利能力还是核心技术重要性来看，小核酸药物逐渐成为生物制药领域必争之地。而在我国，截至 2021 年 1 季度，致力于小核酸药物研发创新的企业仅有 10 余家。

虽与国际发展进度存在一定的差距，但小核酸药物的国产替代进程势在必行，其中积极研发小核酸药物，并不断加速其产业化进程的 CDMO（Contract Development Manufacture Organization）龙头凯莱英表现突出。

CDMO 意为合同研发生产组织，是一种新型研发生产的外包模式。而凯莱英是国内医药行业的 CDMO 龙头，多年来凭借其强大的技术创新和出色的质量管理能力，在行业内一直有着强大的竞争力。

公司在产业链上的质量管理以及技术创新能力具有较大优势，多次顺利通过监管部门的审查。同时，公司新增业务稳定增长，管理结构丰富合理，有利于未来营收以及业绩的长期优化。

2015 年到 2019 年间，公司营业收入和归母净利润的复合增速分别达到

31.37% 和 37.72%，业绩持续高增长。2020 年前 3 个季度公司实现营业收入 20.83 亿元，同比增长 19.53%，实现归母净利润 5.06 亿元，同比增长 38.12%。

截至 2020 上半年，公司商业化阶段订单达到 24 个，临床阶段订单达到 100 个。随着业务范围的扩大和客户订单的增加，公司的产能建设也在不断推进，未来发展潜力不可限量，可作为投资者的重点关注对象。

如图 2-5 所示是凯莱英 2019 年 1 月到 2021 年 1 月的 K 线图。

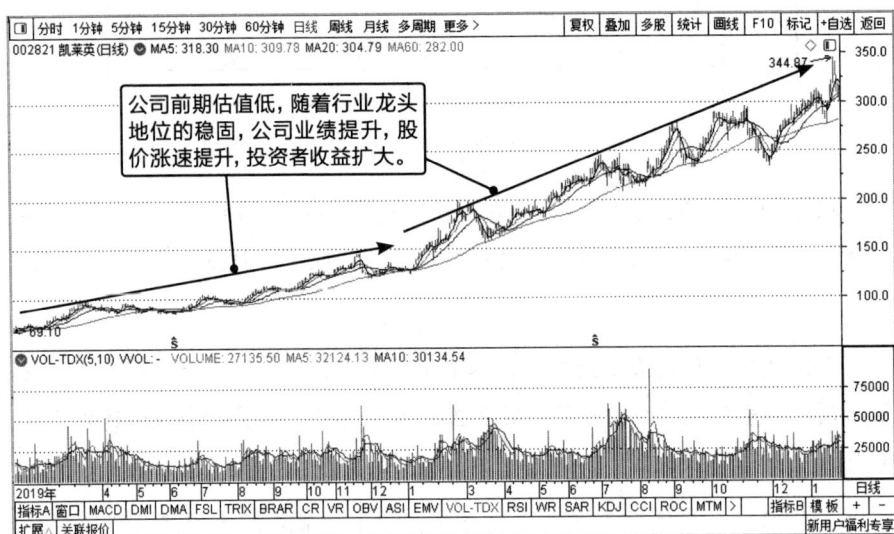

图 2-5　凯莱英 2019 年 1 月到 2021 年 1 月的 K 线图

从图中可以看到，凯莱英这两年的走势可以说是比较强势的，尤其是在 2020 年期间，随着公司业绩的提升，股价的涨速更上一层楼。

截至 2021 年 1 月，凯莱英的股价已经达到了 344.87 元，相较于两年前的 70.00 元左右，已经上涨了近 393%，几乎是一年翻两番。如此惊人的涨幅，能够为投资者带来满意的回报。

并且从估值上来看，2019 年到 2020 年期间，凯莱英的股价相较于行业平均是非常低的，结合其业绩表现及领先的研发技术，就能发现该股是处于被市场低估的状态。只要投资者在低估值位置入场，后期的收益很难不扩大。

---

**拓展贴士** *行业估值平均偏高的行业可以进行均衡配置*

当某一个行业发展太快，平均估值已经攀升到相当高的位置，随时有回落的风险，投资者再重仓跟随高价龙头入场就会比较危险，并且持股成本也会增加，此时不妨考虑一下均衡配置的思路。

首先，长线布局产业景气度高、业绩好的核心龙头企业，将其作为价值投资标的长期持有；其次，关注业绩大概率较好、全年业绩高增长、估值相对低的个股，进行灵活配置；最后，关注新技术或新产品的出现，尤其是具有技术垄断性质的企业，有相当大的投资价值。

这样投资者的持仓中既有相对稳定的龙头股，也有估值偏低的成长股。仓位被分散开来，能够比较有效地规避追高的风险，同时业绩优良的成长股也可能会带来超乎预期的盈利。

---

## 2.1.4　从农林牧渔行业中选股

中国作为世界排名前列的农业大国，农林牧渔产业的发展是非常发达的，并且受到了国家政策的大力扶持，具有相当的持续性和成长性。

农林牧渔行业主要包括农用机械、林业设备及用具、畜牧养殖业、渔业、粮油加工、饲料加工、屠宰及肉类初加工、农副产品加工、木材加工和家具制造等。

因为农林牧渔业的主要产业大多具有季节性，如种植业、渔业和养殖业等，一般情况下都只能在特定的时节实现大量产出。所以，农林牧渔业的某些细分行业也具有一定的周期性，投资者在选股时就要注意这些行业的周期轮动。

同时，由于农林牧渔行业的特性，一旦出现大型动物瘟疫或农作物疫病蔓延、虫害蝗灾等事件，就很有可能对某些行业产生重大冲击。

在轮转周期被干扰的情况下，这些行业的股价大概率会出现回落，向低估值区域靠拢，这种情况就是一个可能的入场机会。在危机中表现突出的公司，就可以作为投资者的首要考虑对象。

下面来看具体的案例。

**实例分析**
### 新希望（000876）农林牧渔行业选股解析

作为世界农业大国、养猪大国，我国生猪养殖密度极高，达到了全球平均的7倍以上。而从需求端来看，猪肉也是我国第一大肉类生产品类，2016年到2018年，猪肉产量维持在5 400万吨左右，占全国肉类总产量的比重为60%以上。

但在2018年8月，辽宁沈阳发生非洲猪瘟疫情之后，导致我国生猪养殖产业一度受到重创。

根据农业农村部数据，截至2019年10月，生猪存栏同比下滑41.40%；全国猪肉产量4 255万吨，同比下滑21.26%，创近17年来最低水平；占全国肉类总产量的比重下降至55.63%。

在这一轮疫情的冲击下，大量生猪死亡，养殖企业的成本不断抬高，再加上防疫成本增加，生产进程停滞，几乎所有生猪产业链上的企业都受到了不同程度的打击。

但疫情对企业运营的影响程度，以及企业建立防控能力的速度还是有明显差别的，对于整个行业来说这也是一次变相的洗牌。

掌握了核心能力、拥有高效管理和执行力的企业，能够快速降低成本，反而能在低迷的市场中抢占更多的市场份额，聚集更多行业资源，稳固龙头地位，其中的典型代表为新希望。

在当时作为市值被严重低估的企业，新希望大胆进行养殖模式的创新和激励机制的改革。同时投入大量资金，加快猪舍现代化管理改造，使得养殖规模快速扩张，成本降低，在行业中成为一匹极具潜力的黑马。

如图2-6所示是新希望2018年9月到2020年9月的K线图。

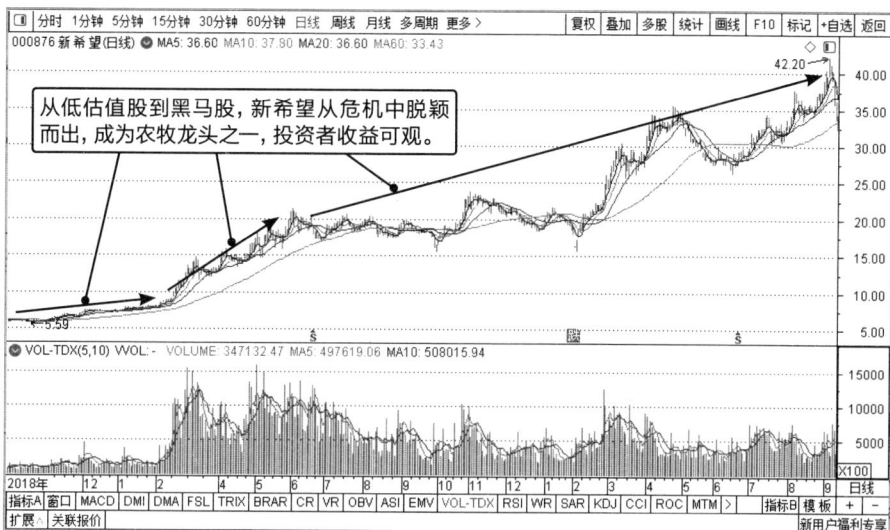

图 2-6  新希望 2018 年 9 月到 2020 年 9 月的 K 线图

从图中可以看到，在 2018 年期间，新希望的估值是相当低的，股价一度下滑到了 5.59 元。但从 2019 年 1 季度股价的突然拉升来看，公司的避险能力非常不错，养殖模式的转型和创新比较成功。

2019 年 1 季度，公司加大了在生猪养殖领域的投资，在建工程开始快速增长。公司实现营业收入 162.12 亿元，同比增长 9.49%；母公司所有者的净利润为 6.66 亿元，同比增长 10.38%，每股盈利为 0.16 元。

从优异的营收数据和快速拉升的股价来看，新希望在此次危机中成功利用自身的优势，抢占了大量市场份额，成为国内规模较大、产业布局较全的农牧龙头之一。其在 2019 年和 2020 年期间不断攀升的股价也证明了这一点，在低估值区域买进的投资者收益可观。

## 2.1.5  从钢铁行业中选股

钢铁行业是以从事黑色金属矿物采选，以及黑色金属冶炼加工等工业生产活动为主的工业行业，包括金属铁、铬、锰等的矿物采选业、炼铁业、炼钢业、钢加工业、铁合金冶炼业、钢丝及其制品业等细分行业，是国家重要的原材料工业之一。

作为大宗工业原材料，钢铁的需求端一直很庞大。从基建工程到电气化制造，从航空航天到日用化工，大部分行业对钢铁都存在一定程度的依赖，这也塑造了钢铁行业长盛不衰的地位和发展状况。

伴随国家的发展，高新技术和航空航天制造业等领域对高端化材料的需求愈发扩张，钢铁行业中的某些细分行业因此受到了高度关注。

这些行业因其进入壁垒高、投入资金量大、生产技术难度大等客观原因，导致企业间两极分化严重。整个行业的资源向具有竞争优势的龙头企业倾斜，导致其具有高度的成长性，而这些龙头企业就可以被列为投资者的投资标的。

下面来看具体的案例。

**实例分析**

## 抚顺特钢（600399）钢铁行业选股解析

高温合金是一个典型的高端化材料，凭借耐高温、抗氧化、抗热腐蚀和抗疲劳等综合性能，被广泛应用于航空发动机和工业燃气轮机等。

同时，高温合金行业的进入壁垒极高，主要体现在技术壁垒、市场先入壁垒、质量标准壁垒及军工资质壁垒，导致高温合金的制造成为军工企业的核心竞争力之一。

从需求端来看，军用航发领域、汽车领域、舰船燃气轮机领域、民航领域、核电机组和石化领域等方向对高温合金的消耗巨大，需求量逐年增长，其中航空航天和电力领域占据高温合金市场需求近75%。

而在供给端，截至2020年9月，国内高温合金产量近6年年均复合增长率约为2%。虽然不断有新企业进入，但受技术瓶颈和生产壁垒的制约，实际产量提升非常有限。综合来看，我国高温合金明显供不应求，且该趋势将维持很长时间。

供不应求就只能进口，但成本就会相应增长。在此背景之下，国内特钢制造企业明确受政策支持，高温合金的进口替代迫在眉睫，其中以抚顺特钢为龙头的高端钢材制造企业受益。

抚顺特钢以生产经营高档次、高附加值特殊钢精品材料为主要业务，是国内特钢行业的龙头企业，也是国家国防科技工业局列入民口配套核心骨干单位名录的唯一特钢企业。其已经掌握高温合金和耐蚀合金核心生产技术，曾为多项国家重点工程、国防工程提供了大批关键特殊钢材料。

公司在 2020 年 1 季度进行重组后，一举成为国内最大的民营沙钢系企业，经营管理改善较大，未来公司业绩将高速增长。

2020 年 8 月，公司发布 2020 年中报，数据显示：2020 年前两季度公司实现营业收入 31.07 亿元，比上年同期的 30.82 亿元提高了 0.81%；实现归母净利润 1.83 亿元，比上年同期的 1.26 亿元提高了 45.24%。

从公司发展状况来看，无论是成本及费用管控能力，还是盈利创收能力，都有了不小的提升。并且公司也将一些高端产品纳入发展战略中，利润上升空间还有待更深入发掘，可作为优质价值投资对象。

如图 2-7 所示是抚顺特钢 2020 年 3 月到 2021 年 8 月的 K 线图。

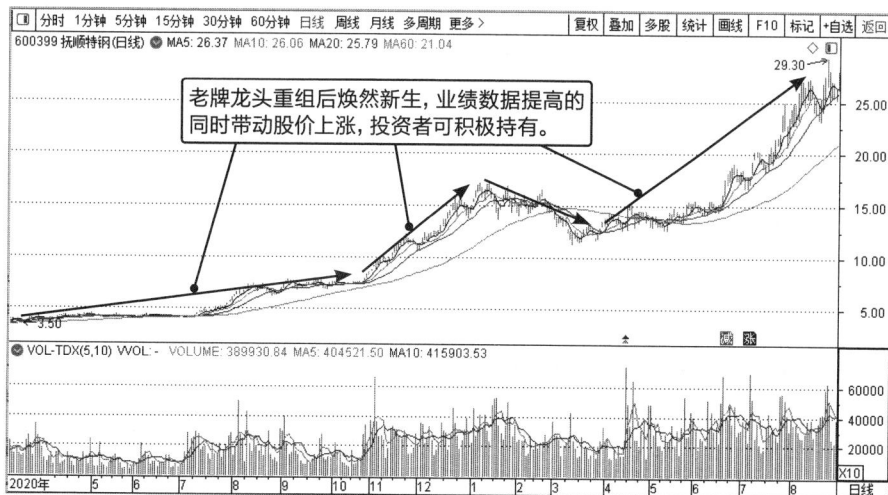

图 2-7　抚顺特钢 2020 年 3 月到 2021 年 8 月的 K 线图

从图中可以看到，抚顺特钢在 2020 年 1 季度完成重组后，其股价就开始缓慢抬升，而当时该股的估值还处于较低的位置。从后续的发展来看，该股波段式的拉升持续了很长时间，这期间出现的回调与盘整也并未影响其上升大趋势。

结合基本面的财务数据和公司的行业竞争地位来看，该股的涨势无疑印证了其具有非常高的投资价值，这些回调位置反而能够成为投资者的加仓位。

# 2.2　概念板块找黑马股

概念股是指具有某种特别内涵的股票，是依靠某一种题材来对价格形成支撑。而这一内涵通常会被当作一种选股和炒作的题材，成为股市中某一阶段的热点。

而概念板块就是一类具有共同特征股票的总称，比如白酒概念、5G概念、猪肉概念和生物医药概念等。由于概念板块只是依靠相同话题和当前热门题材，将同类型的股票共同列入选股标的，其广告效应和炒作性较强。

相较于行业板块来说，概念板块的股票不稳定性较高，对价格的影响因素也较多。但同样的，一旦某一题材火热，其包含的概念股很有可能出现数只黑马，收益会非常可观。

因此，投资者在概念板块中选股时，更需要谨慎与理智，把握好收益与风险之间的匹配度，避免过度追涨等行为。

## 2.2.1　从国防军工概念中选股

国防军工的强大与否，在很大程度上决定了一个国家的话语权与国际地位，同时也是保障国民经济稳定发展的基石之一。因此，我国对于国防军工概念板块的扶持是持久且坚定的，这也使得该板块的业绩确定性高、增长较为稳健。

从供给端来看，自 2000 年后，我国就开始加强军工投入，在经历了数十年的研发周期后，新式的装备和高端技术已经逐步亮相。规模效应的提升也带动利润的增长，整体盈利能力得到大幅提升，供给端的竞争格局较好。

从需求端来看，由于主战机型及配套发动机需求量放大，新材料应用占比不断提升，以及主机厂的国产替代等因素，国防军工板块的未来成长性较高，且在需求量逐步放大后，规模效应将不断显现，该板块未来的单位成本会不断下降，效益也会增加，是一个非常优质的投资标的。

下面来看具体的案例。

**实例分析**

## 铂力特（688333）国防军工概念选股解析

国防军工概念板块中包含的子行业众多，其中在近年发展得较为迅速的就是航空装备中的先进战机产业。

先进战机产业是航空装备中业绩增速最快的细分板块之一，截至 2021 年 1 季度，横向对比航空装备细分行业，先进战机的装备需求是最为迫切、需求量最大的。

2020 年以来，先进战机产业链中的大部分企业已经有了亮眼的业绩表现。而在未来，这样的高需求趋势还会持续较长时间，产业链上的相关企业将享受政策支持以及量价齐升的双重红利，实现业绩高增长。

其中，航空零部件制造行业是航空装备以及先进战机的基础性产业，主要负责航空飞机各种零配件的制造。

这些零配件依据各分类系统结构、需求、用途和性能等不同要求有所区别，种类平均在 2 万 ~ 4 万种，种类繁多、工序复杂、专业性强。

而先进战机更为看重零件的高稳定性、高速、高安全性及多次使用能力，对各个环节零部件的设计、制造、加工和装配有着苛刻的工艺要求，使得航空零部件制造行业的技术壁垒非常高。

受到需求量大幅增加以及"大协作"的政策驱动，原材料（包括金属材料、复合材料等）、零件制造和部件装配等重要环节均有核心受益公司。

先进战机的零件加工，主要有钣金零件成形、数控机床加工、复材零件加工和3D打印技术等。在新型战机中，部分较为复杂的零部件已经开始采用3D打印工艺。而在2020年，国内的这项技术仍处于起步发展阶段，未来市场空间广阔，行业参与者主要就有铂力特。

铂力特公司是一家专注于工业级金属增材制造（3D打印）的高新技术企业，掌握3D打印核心技术，同时也拥有较为完整的金属3D打印产业链。其整体实力强劲，在国内外金属增材制造领域都处于领先地位，是国内金属增材制造产业龙头之一。

公司的产品在航空、航天以及民用领域高校、院所、军工企业等领域，都实现了广泛应用。其金属3D打印定制化产品在国内航空航天增材制造行业中的占有率也较高。

2020年，公司营业收入4.12亿元，同比增长28.10%；归母净利润0.87亿元，同比增长16.74%。其中航空航天领域产品占营收52.6%，是公司收入的主要来源。

如图2-8所示是铂力特2020年6月到2021年5月的K线图。

从图中可以看到，铂力特在2020年下半年到2021年1季度，其股价增长是比较稳定且快速的。截至2021年3月初，铂力特已经从50.00元的价位线左右不断上涨到了175.00元附近，涨幅达到了250%。

结合基本面数据来看，该股这一阶段的涨幅也是比较符合公司在2020年的优良业绩的。无论是在2020年6月的低估值区域，还是在上涨阶段的回调位，投资者都可以趁机介入，赚取一波收益。

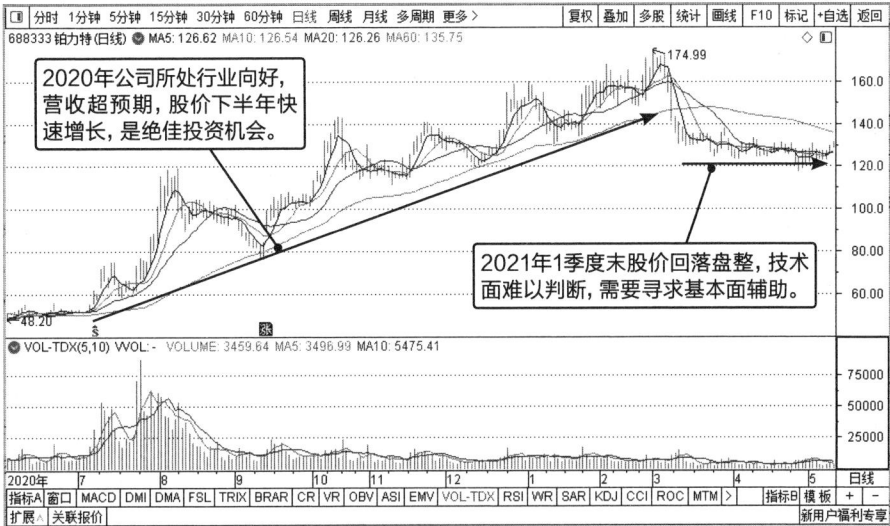

图 2-8　铂力特 2020 年 6 月到 2021 年 5 月的 K 线图

继续来看后面的走势，2021 年 3 月初，股价出现了回落，可能是在消化这一段高速上涨带来的高估值，大量投资者在此位置抛盘，导致股价进入横向盘整。

此时，从技术面来看，该股未来的发展方向暂时不明朗，短时间内也没有出现明显的转势迹象。犹豫不决的投资者在难以抉择是否离开或介入的情况下，就要开始寻求基本面的辅助判断。

2021 年 5 月，公司 1 季度报告发布，数据显示实现营业收入 0.45 亿元，同比增长 147%，实现归母净利润 −5 000.00 万元。其实 1 季度的业绩主要受军工行业结算周期影响，再加上股权激励费用的计提，才使得利润为负。

但从公司的领先性财务指标（如存货、在建工程、研发投入）等数据来看，公司各项业务均保持稳定增长，并在未来还有大量设备在准备进场，公司景气度和成长性高。

如图 2-9 所示是铂力特 2021 年 3 月到 9 月的 K 线图。

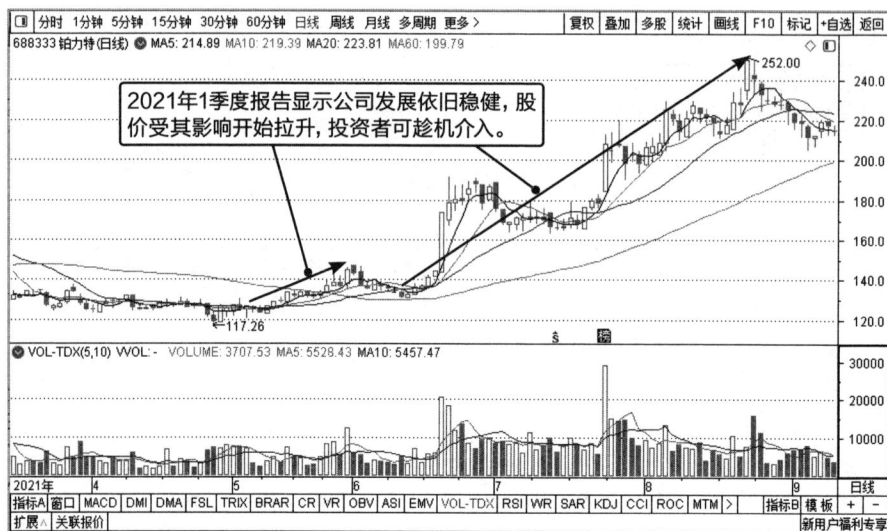

图 2-9　铂力特 2021 年 3 月到 9 月的 K 线图

从后续的股价运行趋势可以看到，在 2021 年 1 季度报告发布后，盘整的股价就有一定程度的回升。虽然刚开始的涨幅并不大，但这也预示着该股后市向好。

6 月中旬，在成交量的大幅放量推动下，该股开始了快速拉升，并在数次回调和震荡后，于 8 月中下旬达到了 252.00 元的位置。相较于 5 月的 120.00 元左右，短短 4 个月内涨幅就达到了 110%。

只要投资者在了解了相关基本面数据后坚定持有或者及时买入，那么短时间内的收益就不会低。

## 2.2.2　从碳中和概念中选股

碳中和是指企业、团体或个人测算在一定时间内直接或间接产生的温室气体排放总量，通过植树造林、节能减排等形式，以抵消自身产生的二氧化碳排放量，实现二氧化碳"零排放"。

而在全球变暖、污染严重的大环境下，我国出台了一系列减碳措施，并在 2020 年 9 月的第七十五届联合国大会上提出："中国将提高国家自主贡献力度，采取更加有力的政策和措施，二氧化碳排放力争于 2030 年前达到峰值，努力争取 2060 年前实现碳中和。"

因此，碳中和概念板块得到了政策的全力支持，这一题材的股票价格也随着碳中和热度的提升而水涨船高。板块所包含的企业获益明显，其成长性和景气度都比较高，投资者可以重点关注其中的龙头企业。

下面来看具体的案例。

---

**实例分析**
## 阳光电源（300274）碳中和概念选股解析

在大力发展碳中和、实现能源清洁化的大环境下，能源面临转型，包括风电、光伏、火电、水电和核电等在内的新能源成长空间巨大，成为一条高成长性的优质"赛道"。

其中，光伏电源是成本下降空间较大的电源类型。在抑制成本、提高毛利率及迎合政策的三重驱动下，光伏以及储能的结合将会成为未来最主要的电源类型之一。

自碳中和概念提出并施行以来，光伏行业成本下潜，竞争力激增，相较于传统能源优势明显。在未来一段时间内，我国光伏行业将逐步由低效高价的产能转型向质优价低的产能，进一步占领市场。

而愈发加剧的行业竞争形势，必将驱动光伏相关企业不断深化技术创新，提升自身市场竞争力、占有率和行业话语权，推动整个光伏行业加快走上高质量发展之路。

在光伏产业中，逆变器占据重要地位。它是将光伏直流电转换为交流电的工具，主要分为组串式、集中式和微型逆变器 3 种。

而受益于能源转型，全球光伏装机量增长，逆变器存量缩减，需求端供不应求，逆变器未来需求量将可能在长时间内持续保持高增长。由于竞争优势显著，国内逆变器企业不断加大出口量，进一步抢占国外市场份额，其中全球逆变器龙头企业阳光电源表现突出。

阳光电源是国内老牌逆变器龙头企业，产品类别主要包括组串式和集中式。经历了业内 20 余年的沉淀和发展，企业具有极强的行业竞争力，龙头地位难以撼动。

阳光电源近年来因出口提速，在 2019 年的逆变器出货超 17GW，位居全球第二，其中海外出货约 9GW，同比增长接近 90%。2020 年 1 月到 5 月，阳光电源（含印度工厂）出货已经超过华为，位居全球第一。

2020 年 7 月，公司发布 2020 年中报业绩预告，实现归母净利润 4.16 亿~4.50 亿元，同比增长 25.08% ~ 35.30%。其中 2 季度业绩中值为 2.74 亿元，依旧保持同比增长 69.5%，环比增长 71.3%，明显超市场预期。

如图 2-10 所示是阳光电源 2020 年 6 月到 2021 年 2 月的 K 线图。

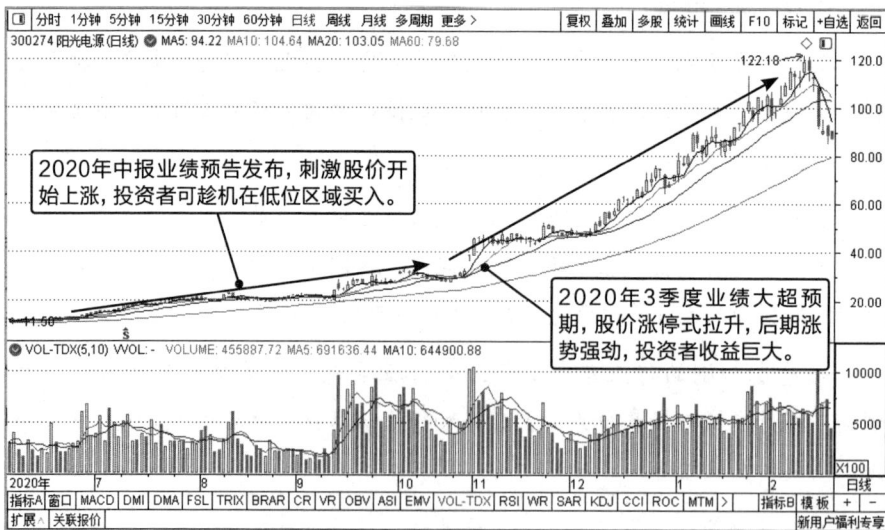

图 2-10　阳光电源 2020 年 6 月到 2021 年 2 月的 K 线图

从图中可以看到，阳光电源 2020 年中报业绩预告的发布，给市场注入了一剂强心针，自此之后该股开始逐渐上涨。

2020 年 10 月，阳光电源公布 2020 年 3 季度报告，数据显示：2020 年前 3 季度公司实现营收 119.09 亿元，同比增长 65.77%。其中 3 季度实现营收 49.67 亿元，同比增长 82.5%，公司各项业务全面爆发，业绩大超市场预期。

在优异的财务数据刺激下，市场对阳光电源的未来普遍看好，其股价增速自然大幅加快，甚至在 10 月底出现了涨停。随后的数月内，在公司逆变器业务出货量超预期增长、驱动盈利快速提升的情况下，阳光电源股价扶摇直上，截至 2021 年 2 月，已经创出了 122.18 元的新高。

从 2020 年 6 月的 12.00 元左右到 2021 年 2 月的 122.18 元，半年多的时间内，阳光电源就上涨了近 918%。如此惊人的涨幅，可见碳中和概念给新能源相关企业带来的利好效益，投资者也可以从中得到丰厚的利润。

## 2.2.3　从白酒概念中选股

酒类消费一直以来都是我国居民消费大类的重要组成部分。由于白酒的社交、宴请等需求受宏观经济、政策及重大事件影响较大，且其产品属性使得其库存量在高景气周期行业中处于较高水平，因此其产量及需求端均存在较大波动。

价格方面，品牌力是决定白酒产品价格的重要因素，较强的品牌力意味着消费者愿意为溢价付费（体现在较高的终端价上）。这也是酒企渠道表现分化，品牌力高、渠道力较强的高端酒率先发展的原因之一，投资者可将高端和次高端酒企列入重点考察范围。

下面来看具体的案例。

**实例分析**

## 山西汾酒（600809）白酒概念选股解析

随着我国居民人均可支配收入不断增长，推动白酒消费升级，次高端以上白酒产品需求日益增强。

居民消费水平的提高也带动了高端白酒价格的上移，同时次高端白酒品牌需求量进一步增长，企业能够顺势通过产品升级，进而提高产品价格。相关企业成长空间较大，前景广阔。

在此背景下，行业竞争强度加大，企业合并进程加速，行业资源不断向更具品牌优势、产品结构更优和优秀渠道管理力的酒企集中。而这些由市场筛选出来的优秀企业，将在未来的市场竞争中抢占更多份额。其中，次高端市场是重点关注方向，全国次高端品牌山西汾酒就名列其一。

山西汾酒乘着"十四五"的东风，在深化改革的基础上，进一步强化品牌建设质量，完善和优化产品结构。同时优化和加强渠道管理，继续提升终端基础建设，实现了业绩的稳步增长。

山西汾酒 2020 年的年报显示：2020 年公司实现营收 139.90 亿元，同比增长 17.63%；归母净利润 30.79 亿元，同比增长 56.39%。

如图 2-11 所示是山西汾酒 2020 年 6 月到 2021 年 6 月的 K 线图。

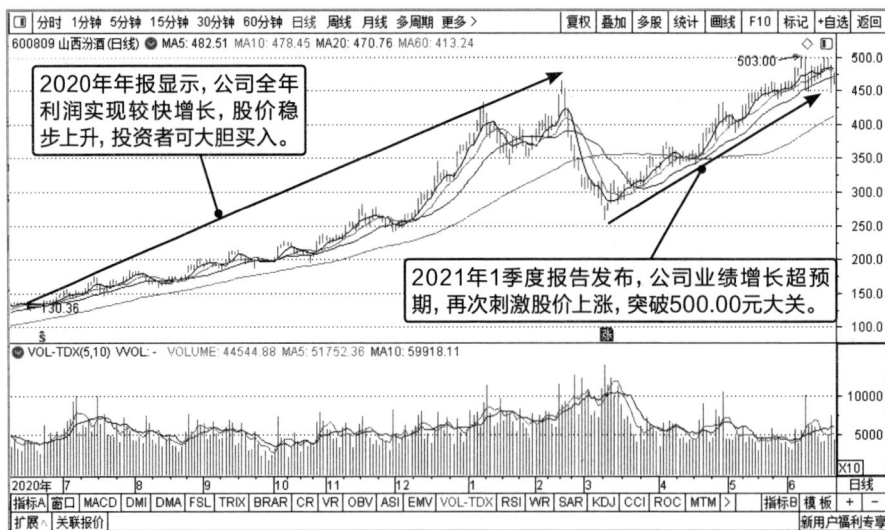

图 2-11　山西汾酒 2020 年 6 月到 2021 年 6 月的 K 线图

从图中可以看到，在 2020 年山西汾酒全年利润实现较快增长、产品结构持续优化升级的基本面数据支撑下，其股价在 2020 年下半年保持着较为稳定的增长，并在 2021 年春节期间有一段大幅上扬，很明显是节日消费带动股价上涨的表现。

2021年4月，山西汾酒发布2021年1季度报告，数据显示：2021年1季度公司实现营收73.32亿元，同比增长77.03%；归母净利润21.82亿元，同比增长77.72%。

公司2021年1季度业绩增长超预期，全国化进程加快，这对于节日结束后回落的股价又是一次刺激。截至2021年6月，山西汾酒的价格已经突破了500.00元的大关，相较于一年前的130.00元左右，涨幅近285%，为投资者带来了非常丰厚的收益。

## 2.2.4　从消费电子概念中选股

消费电子一般指供人们生活、工作、娱乐使用的电子产品。这类产品通常具有的特点是：①商品轻薄短小，方便携带；②自动化程度高，简化用户操作；③节能设计。

随着电子技术的不断发展，电子产品的种类也从传统的娱乐产品、通信产品和家庭办公产品三大类不断向外扩展，而且单一产品的功能也越来越多样化。尤其近些年以来，在移动互联网和物联网技术的支持下，5G、人工智能、虚拟现实等新兴技术与消费电子产品的融合，使得产品的更新换代更加快速，而且不断催生出新的产品形态，进而推动了消费电子概念保持增长态势。

因此，消费电子概念是一个高成长性的优质投资"赛道"。投资者可以重点关注这一概念相关的股票。

下面来看具体的案例。

**实例分析**
**歌尔股份（002241）消费电子概念选股解析**

TWS是消费电子概念板块中占据重要地位的细分领域之一，其全称为True Wireless Stereo，也就是真实无线立体声。它可以让蓝牙左右声道进行无线分离，主要应用于蓝牙耳机或者是音响技术中。

随着移动设备的增加，以及需求人群的扩大，TWS 市场空间不断增大，毛利率趋于稳定。根据 GFK 统计和预测，2019 年全球 TWS 市场规模约为75.00 亿美元，出货量达到 1.2 亿副。

而在以年轻人为主的消费人群中，耳机的降噪、传输延迟低、续航时间长已经成为主流需求，打造高端耳机产品成为行业趋势。其中，不断涌现的尖端产品如 AirPods、Beats 等，将进一步助力 TWS 销量高涨，而声学整机龙头歌尔股份受到关注。

歌尔股份作为国内外领先的 TWS 龙头，在零件生产方面具有行业领先地位。在 2019 年，公司开始聚焦成品业务，布局"TWS+ 智能家居 + 智能穿戴 +AR/VR"四大品类，为公司带来了更多的盈利收入。

歌尔股份 2019 年年报显示，报告期内公司实现营收 351.00 亿元，同比增长 48%；实现归母净利润 12.80 亿元，同比增长 48%。

如图 2-12 所示是歌尔股份 2019 年 1 月到 12 月的 K 线图。

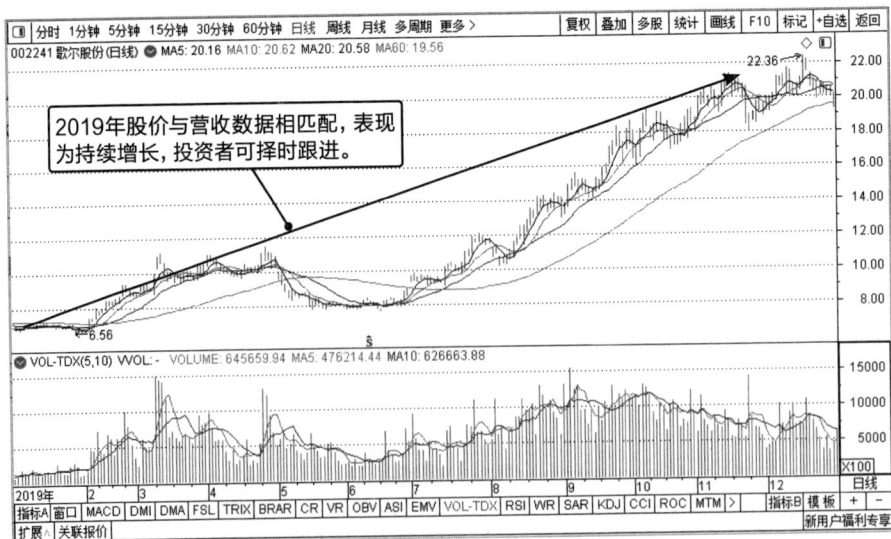

图 2-12　歌尔股份 2019 年 1 月到 12 月的 K 线图

从图中可以看到，歌尔股份在 2019 年期间股价涨势喜人，基本符合公司的营收表现。这一年内 TWS 带动公司业绩再增长，以大客户端 TWS 耳机为核心的声学整机业务成长显著，后续股价的上涨空间还未耗尽。

如图 2-13 所示是歌尔股份 2020 年 1 月到 11 月的 K 线图。

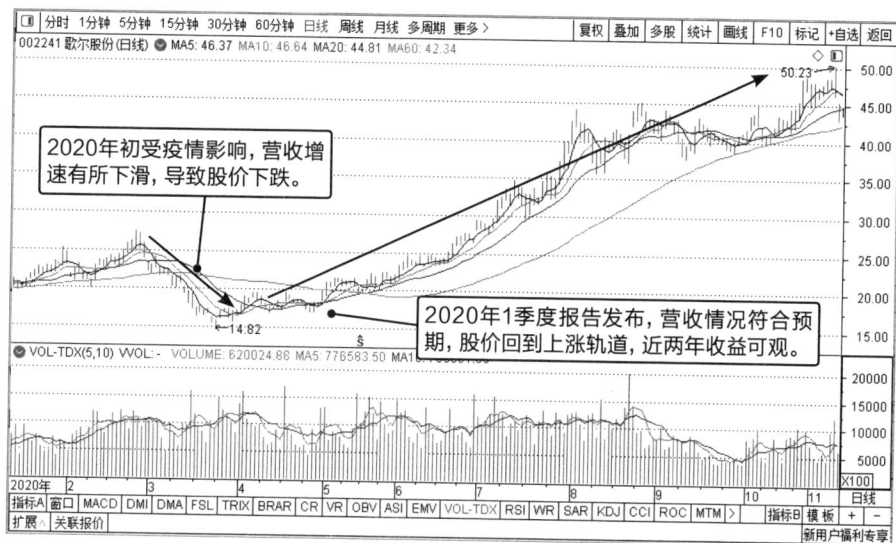

图 2-13 歌尔股份 2020 年 1 月到 11 月的 K 线图

从 2020 年的股价发展趋势可以看到，2020 年 1 季度受影响，公司复工复产延期，拖累部分产能释放，营收增速较上年同期有所下滑，导致股价出现回落。

2020 年 4 月，公司发布 2020 年 1 季度报告，数据显示：2020 年 1 季度公司实现营业收入 64.74 亿元，同比增长 13.47%；实现归母净利润 2.94 亿元，同比增长 44.73%。

虽然增速有所下滑，但从整体来看，营收情况基本符合预期，歌尔股份 TWS 耳机业务趋势不减，持续驱动业绩高增长。

受到数据刺激，股价再一次回到了稳定的高速上涨轨道中，并于 2020 年 11 月创出了 50.23 元的新高。相较于 2019 年初的 6.50 元左右，歌尔股份的价格在两年内实现了近 673% 的增长，是一个相当不错的数字。

## 2.2.5　从 5G 概念中选股

5G（5th Generation Mobile Communication Technology）的全称即第五代移动通信技术，这类技术具有高速率、低时延和大连接的特点，是实现人机物互联的网络基础设施。

作为一种新型的移动通信网络，5G 不仅要解决人与人之间的通信问题，更要解决人与物之间、物与物之间的通信问题，从而更大程度地满足移动医疗、车联网、智能家居、工业控制和环境监测等物联网的应用需求。

从发展历史来看，移动通信技术已经经历了从 1G 到 4G 的发展。每一次技术的改进，都极大地促进了移动产业的升级和经济社会的发展。现如今的 5G，更是将渗透到经济社会的各行业、各领域，成为支撑经济社会数字化、网络化和智能化转型的关键新型基础设施。

由此来看，5G 概念也将成为长期的热门板块之一，是投资者需要重点关注的板块。

下面来看具体的案例。

**实例分析**

### 和而泰（002402）5G 概念选股解析

车联网与自动驾驶是 5G 应用的重点方向之一，5G 网络的大带宽、低时延等特性，支持车载 VR 视频通话、实景导航等实时业务。

因车联网 C-V2X（包含直连通信和 5G 网络通信）所具备的低时延、高可靠和广播传输特性，车辆可实时对外广播自身定位、运行状态等基本安全消息，显著提升车辆行驶安全和出行效率。

而近年随着人工智能以及无人驾驶系统的兴盛，车联网 C-V2X 后续还将支持实现更高等级、复杂场景的自动驾驶服务，如远程遥控驾驶、车辆编队行驶等。

在车辆信息化与智能化的同时，对于传感器的产量需求和技术需求也在增长，可侧重关注车联网传感器行业重点公司和而泰。

和而泰是全球智能控制器龙头，行业地位领先。2019 年，和而泰投资设立子公司深圳和而泰汽车电子科技有限公司，进入汽车智能传感器市场，开始布局车联网电子传感器业务。

公司与奔驰、宝马、吉利、奥迪和大众等多个终端汽车品牌长期合作，利用汽车电子智能传感器业务抢占市场，为公司智能传感器业务板块提供重要业绩支撑。

公司 2020 年年度报告显示：报告期内，公司实现营收 46.66 亿元，同比增长 27.85%；实现归母净利润 3.96 亿元，同比增长 30.54%。公司智能传感器业务多点开花，行业拓展顺利。

如图 2-14 所示是和而泰 2020 年 1 月到 2021 年 3 月的 K 线图。

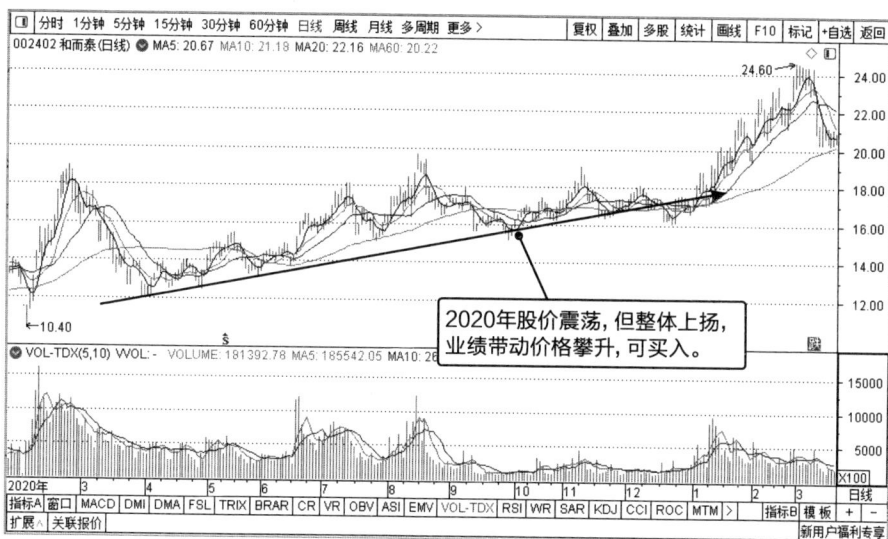

图 2-14　和而泰 2020 年 1 月到 2021 年 3 月的 K 线图

从图中可以看到，2020 年内，和而泰的股价虽有一定震荡，但整体趋势依旧是上扬的，从年初的 10.00 元左右的低位上涨至年末的 18.00 元附近，近80% 的涨幅也是比较不错的。

而在 2021 年 10 月发布的 2021 年 3 季报中显示：2021 年前 3 季度公司实现营业收入 43.77 亿元，同比增长 37.18%；实现归母净利润 4.38 亿元，同比增长 58.32%，3 季度单季业绩超预期。

如图 2-15 所示是和而泰 2021 年 1 月到 12 月的 K 线图。

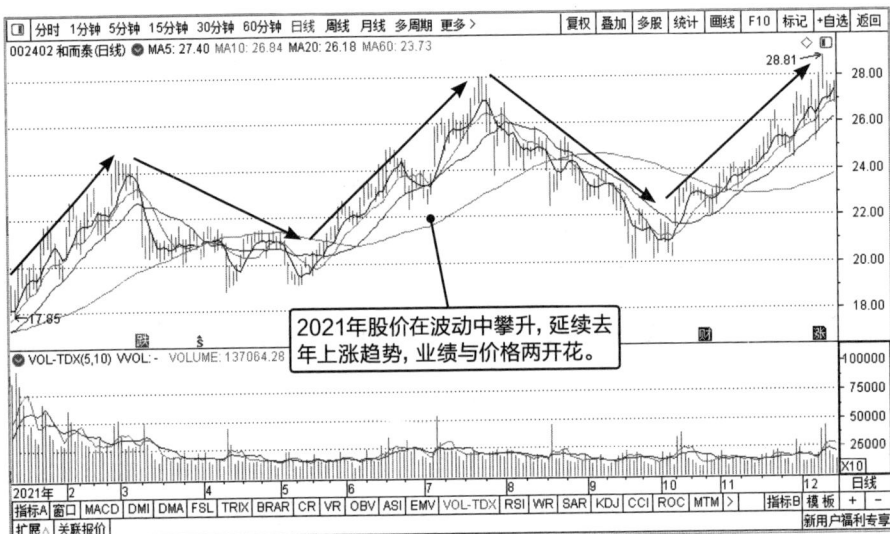

图 2-15　和而泰 2021 年 1 月到 12 月的 K 线图

从 2021 年的股价运行趋势可以看出，和而泰 2021 年的价格表现更上一层楼，截至 12 月，股价已经上涨到了 28.81 元的高位，相较于年初的 18.00 元左右，涨幅近 60%。

随着汽车产业的电动化、智能化的需求增长，在技术引领以及消费牵引的共同作用下，汽车电子市场持续稳定增长，带动公司业绩和股价同步增长，双向开花。

连续两年的优异营收数据和股价表现，再加上行业前景的明朗，使得和而泰成为一只非常优秀的价值投资标的。投资者只要在此期间抓住时机买入，就能够获得不菲的收益。

# 2.3　指数板块看绩优股

指数板块的划分与行业有所不同，指数板块中的股票不会按照某一主营业务或是题材进行划分，而是覆盖面广泛，用一篮子股票组合来反映价格的走势。比如中证 500 指数板块、中证 800 指数板块、沪深 300 指数板块、中小板指数板块和创业板指数板块等。

但在指数板块中，有些板块的重合度比较高。比如中证 100 指数，就是从沪深 300 指数样本股中挑选规模最大的 100 只股票组成样本股，二者之间一直存在 100 只成分股的重叠。

所以投资者在使用指数板块选股时，可以重点关注一些特殊方向，比如创医药、创业蓝筹、大盘成长、大盘价值、深证红利和深证创新等板块。这些板块的分类标准会更为细致，更侧重于一只股票的某些突出方面，投资者从这些方向选股会有更强的针对性。

## 2.3.1　成长指数选股实战

成长指数板块包含创成长、大盘成长、中盘成长、小盘成长、深证成长和国证成长等板块，一般是结合成分股未来的发展空间和各项成长性指标进行编制，是对未来的一种预期值。

其中大盘、中盘、小盘的划分，是按上市公司流通的股本计算。通常，流通股本在 1 亿元以上的称为大盘股；5 000 万元 ~1 亿元的个股称为中盘股；不到 5 000 万元规模的称为小盘股。

成长指数板块的成分股不具有特定的权利内容，是指数编制团队对于某些公司发行的股票的一种主观评价。

但由于股票前景主要取决于发行公司的境况与发展，因此，只有那些销售额和盈利额都在迅速增加，且增长幅度大大快于全国及其所在行业平均增长率的公司所发行的股票，才能被认为是成长性股票。经过编制团队严格的数据审查与筛选，最终能名列成长指数板块的成长股，无一不是其中翘楚。

所以对于投资者来说，在成长指数板块中选股，就等于在专业团队精选出的优质股中进一步挑选适合自己的目标股。这样无疑能够为偏好成长股的投资者节约一部分时间与精力，并且针对性会更强。

下面来看具体的案例。

**实例分析**

## 海康威视（002415）成长指数板块选股解析

大盘成长是成长指数板块中投资价值较高、成长性较为稳定的板块，也是受到偏好成长股的投资者青睐的热门板块。

由于大盘成长板块中的成分股流通市值都相对较高，上市公司的规模与业绩表现优异，这些因素必定会对其价格形成有力支撑，那么就能够在一定程度上保证公司未来的成长空间，是投资者首要考虑的板块之一。

如图 2-16 所示是大盘成长指数 2022 年 2 月 11 日的成分股列表。

| 指 | 代码 | 名称 | 昨收 | 市盈(动) | 总金额 | 细分行业 | 流通市值↓ | 流通股(亿) | 市盈(静) | 地区 |
|---|---|---|---|---|---|---|---|---|---|---|
| 1 | 600519 | 贵州茅台 | R 1873.00 | 47.20 | 38.5亿 | 白酒 | 23452.96亿 | 12.56 | 50.39 | 贵州 |
| 2 | 300750 | 宁德时代 | R 518.10 | 113.89 | 61.9亿 | 电气设备 | 10295.22亿 | 20.39 | 216.29 | 福建 |
| 3 | 000858 | 五粮液 | R 193.04 | 33.25 | 34.3亿 | 白酒 | 7680.73亿 | 38.82 | 37.55 | 四川 |
| 4 | 601888 | 中国中免 | R 224.00 | 39.29 | 24.4亿 | 旅游服务 | 4448.32亿 | 19.52 | 71.23 | 北京 |
| 5 | 002415 | 海康威视 | R 46.99 | 29.85 | 5.54亿 | 电器仪表 | 4229.44亿 | 91.43 | 32.77 | 浙江 |
| 6 | 603288 | 海天味业 | R 95.71 | 63.52 | 1.72亿 | 食品 | 3987.20亿 | 42.13 | 62.97 | 广东 |
| 7 | 300760 | 迈瑞医疗 | R 309.00 | 40.96 | 10.1亿 | 医疗保健 | 3638.81亿 | 12.16 | 56.42 | 深圳 |
| 8 | 601012 | 隆基股份 | R 68.50 | 35.72 | 32.1亿 | 电气设备 | 3598.99亿 | 54.13 | 43.35 | 陕西 |
| 9 | 600809 | 山西汾酒 | R 269.90 | 53.12 | 14.2亿 | 白酒 | 3441.75亿 | 12.15 | 106.95 | 山西 |
| 10 | 000568 | 泸州老窖 | R 213.40 | 38.70 | 17.4亿 | 白酒 | 3236.70亿 | 14.64 | 52.05 | 四川 |
| 11 | 002475 | 立讯精密 | R 43.71 | 47.01 | 17.5亿 | 元器件 | 2936.99亿 | 70.65 | 42.78 | 深圳 |
| 12 | 300059 | 东方财富 | R 32.14 | 40.33 | 21.3亿 | 证券 | 2778.92亿 | 85.93 | 69.73 | 上海 |
| 13 | 600276 | 恒瑞医药 | R 41.57 | 46.83 | 8.57亿 | 化学制药 | 2619.86亿 | 63.79 | 42.01 | 江苏 |
| 14 | 002714 | 牧原股份 | R 61.62 | 27.90 | 15.3亿 | 农业综合 | 2219.42亿 | 36.06 | 11.81 | 河南 |
| 15 | 601919 | 中远海控 | R 17.05 | 3.08 | 16.9亿 | 水运 | 2191.33亿 | 126.59 | 27.50 | 天津 |
| 16 | 603259 | 药明康德 | R 85.86 | 51.99 | 26.6亿 | 化学制药 | 2127.97亿 | 25.47 | 85.73 | 江苏 |
| 17 | 600436 | 片仔癀 | R 350.70 | 77.61 | 4.59亿 | 中成药 | 2081.44亿 | 6.03 | 126.58 | 福建 |
| 18 | 002493 | 荣盛石化 | R 19.77 | 15.15 | 4.81亿 | 化纤 | 1917.70亿 | 94.98 | 27.39 | 浙江 |
| 19 | 603501 | 韦尔股份 | R 231.97 | 42.61 | 8.31亿 | 半导体 | 1803.55亿 | 7.90 | 75.07 | 上海 |
| 20 | 600031 | 三一重工 | R 21.21 | 10.75 | 7.41亿 | 工程机械 | 1800.43亿 | 84.93 | 11.67 | 北京 |

分类▲ 沪深▲ 创业 科创 北证 B股 基金 债券 REITs 新三板 板块指数 港美联动 自选 板块▲ 自定▲ 港股▲ 期权▲

图 2-16　大盘成长指数 2022 年 2 月 11 日的成分股列表

在大盘成长指数板块以流通市值排列的成分股列表中，投资者能够看到非常多行业板块的龙头企业，如贵州茅台（600519）、海天味业（603288）、迈瑞医疗（300760）、立讯精密（002475）和隆基绿能（601012）等。

这些企业在其细分行业中基本处于领头羊地位，并且具有高成长性，无疑是非常理想的价值投资对象。但投资者需要注意的是，这些高市值龙头股也具有一定的高估值风险，为防止盲目追高导致套牢，市盈率也是需要着重考虑的一个因素。

在 2018 年到 2020 年期间，海康威视就是一只被低估的优质股。如图 2-17 所示是海康威视 2018 年到 2022 年的市盈率。

|  | 2022年 | 2021年 | 2020年 | 2019年 | 2018年 |
| --- | --- | --- | --- | --- | --- |
| 市盈率PE | 27.57 | 30.15 | 35.34 | 25.23 | 22.35 |
| 扣非市盈率PE | 28.38 | 31.03 | 36.89 | 26.02 | 23.07 |

**图 2-17　海康威视 2018 年到 2022 年的市盈率**

海康威视是以视频为核心的智能物联网解决方案和大数据服务提供商，业务聚焦于智能物联网、大数据服务和智慧业务，是全球领先的安防监控产品及内容服务提供商。

公司不仅聚焦国内安防监控市场，同时也在海外市场稳步拓展，全球市场占有率排名第一。在创新业务方面，海康威视不断迈出脚步，积极研发新技术、新产品，维持业绩高增长。

2019 年，公司实现营收 577.52 亿元，同比增长 15.88%；实现归母净利润 123.98 亿元，同比增长 9.21%。但当时的市盈率却只有 25.23，与良好的业绩不相匹配，二者结合来看，投资者可以大胆买进。

如图 2-18 所示是海康威视 2019 年 1 月到 2021 年 1 月的 K 线图。

从图中可以看到，海康威视的股价在 2019 年表现并不突出，一直被压制在 35.00 元以下，偶有突破也很快回落。这与公司业绩明显不符，该股在当时被市场严重低估。

2020 年上半年，公司实现营收 242.71 亿元，同比增长 1.45%；实现归母净利润 46.24 亿元，同比增长 9.66%；公司整体毛利率为 49.76%，较上年同期提高 3.43 个百分点。

而在 2020 年上半年，各种因素都对公司的经营产生了一定影响。但从海康威视的财务数据来看，公司应对得当，业绩依旧保持着稳健的增长。

从 2020 年下半年该股股价的增长来看，海康威视的现有价格开始向其应得的估值靠拢。

截至 2021 年 1 月，该股价格已经上涨至 70.48 元，相较于 2019 年的 23.55 元的低位，有了将近 199% 的涨幅，为低估值区域入场的投资者带来了较丰厚的收益。

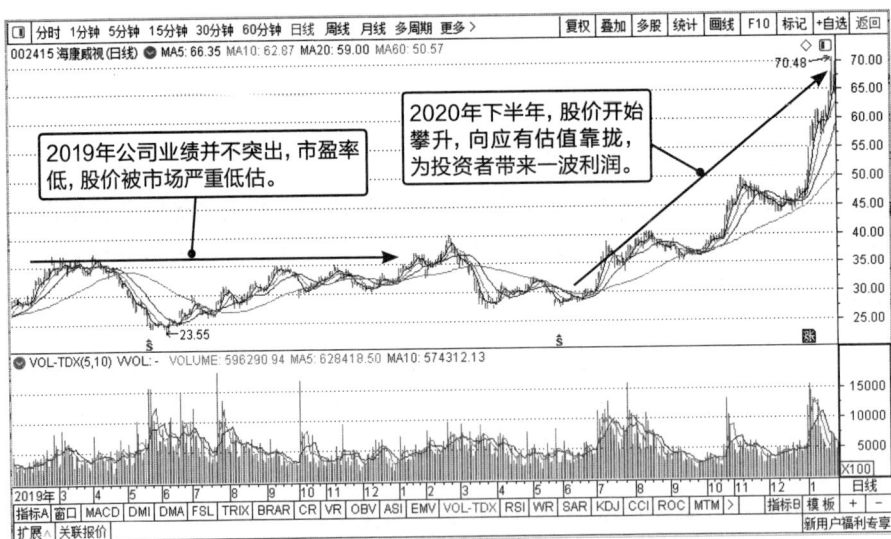

图 2-18　海康威视 2019 年 1 月到 2021 年 1 月的 K 线图

## 2.3.2　红利指数选股实战

红利指数包括上证红利指数、中证红利指数、深证红利指数和国证红利指数，其中上证红利指数比较具有代表性。

上证红利指数是挑选在上海证券交易所上市的现金股息率高、分红比较稳定、具有一定规模及流动性的 50 只股票作为样本，以反映上海证券市场高红利股票的整体状况和走势，具有极高的投资价值。

上证红利成分股涵盖了宝钢股份（600019）、中国石化（600028）、工商银行（601398）、兖矿能源（600188）等国内著名企业，具有显著的大蓝筹特征。同时也涵盖了南钢股份（600282）、步长制药（603858）、盘江股份（600395）等业绩优良的中小型企业，具有显著的成长性特征。

下面来看具体的案例。

**实例分析**

## 兖矿能源（600188）红利指数板块选股解析

在红利指数板块中选股，比较看中股息率以及分红频率，只有分红稳定、每股收益高的红利股，才具有较高的投资价值。

兖矿能源是华东地区最大的煤炭生产商，也是国内竞争地位靠前的大型煤炭企业，公司具有相当的成长性。其煤炭产量近 10 年年化增速为 11.75%，背靠新组建的山东能源集团，后续仍有较大的发展空间。

从股息率和分红方面来看，自 2016 年以来，公司现金盈利明显改善，并于 2020 年年底实施了大幅提高派息率的连续 5 年高分红方案，明确"2020—2024 年连续 5 年以税后净利 50% 和 0.5 元 / 股孰高的原则进行分红派息"。该政策为动力煤煤炭上市公司中，约定分红比例最高且久期最长的分红政策。

如图 2-19 所示是兖矿能源 2021 年 1 月到 10 月的 K 线图。

从 K 线图中可以看到，兖矿能源的价格在 2021 年下半年有比较亮眼的表现。前期股价虽然涨速不快，但胜在稳定，并且越往后期涨速越快。

2021 年 7 月 23 日，公司每 10 股派发现金股利 10.00 元，合计现金分红 48.73 亿元，分红比率达 77.13%，直接为投资者带来了一笔红利收益。

随后的 8 月底，公司发布了 2021 年中报，报告期内公司实现营业收入

654.00 亿元，归母净利润 60.40 亿元。其中，2 季度实现归母净利润 37.90 亿元，业绩增长超预期。

分红与中报优异数据的接连出现，对股价产生了相当的刺激。8 月底，兖矿能源的价格急速上涨，短短数十天内就从 16.00 元附近拉升至 36.95 元的高点，涨幅达到了惊人的 130.9%。

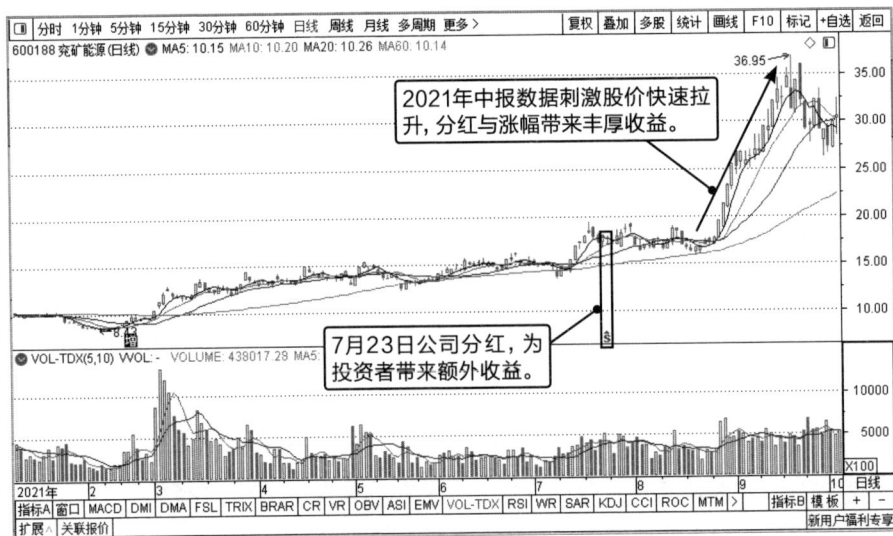

图 2-19　兖矿能源 2021 年 1 月到 10 月的 K 线图

该股近两个月内的分红和股价上涨带来的利润相加，已经达到了一个相当高的地步。投资者在选择的时候，只要抓住机会，单单红利就是一笔额外收益，这就是选择红利股的优势所在。

## 第3章

# 企业面选股：优质公司早介入

　　从企业面选股，就要重点关注企业的各项财务指标、行业竞争力以及市场占有率等，这关系着目标企业是否具有长期的投资价值，是否值得投资者投入资金来博取收益。可以说，选对企业就是选对股票，投资者对此需要重点掌握。

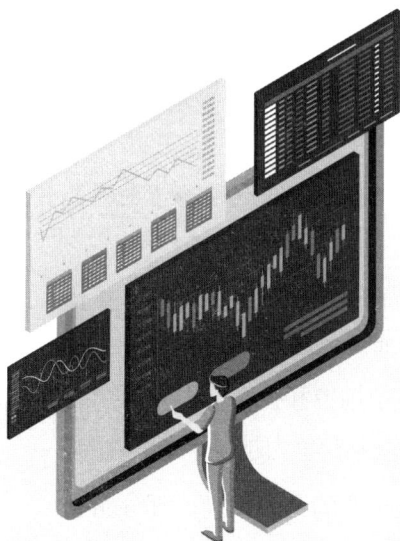

- 根据企业竞争力分析
- 运用企业财务数据分析
- 关注企业重大事件影响

# 3.1 根据企业竞争力分析

企业的竞争力是指在竞争性市场条件下，企业通过培育自身资源和能力，获取外部可寻资源，并加以综合利用，在为顾客创造价值的基础上，实现自身价值的综合性能力提升。

从更具体的方向来说，一个企业的竞争力主要体现在其产品的市场占有率、行业地位以及是否具有垄断技术上，这对于企业的发展和成长空间会起到决定性的作用。

## 3.1.1 产品市场占有率选股法

市场占有率亦称市场份额，是指某企业的某一产品（或品类）的销售量（或销售额）在市场同类产品（或品类）中所占的比重。

市场占有率根据不同市场范围，有 4 种测算方法。

- ◆ **总体市场**：指一个企业的销售量（额）在整个行业中所占的比重。
- ◆ **目标市场**：指一个企业的销售量（额）在其目标市场，即它所服务的市场中所占的比重。
- ◆ **三大竞争者**：指一个企业的销售量和市场上最大的 3 个竞争者的销售总量之比。
- ◆ **最大竞争者**：指一个企业的销售量与市场上最大竞争者的销售量之比。若高于 100%，表明该企业是这一市场的领袖。

市场占有率在很大程度上反映了企业的竞争地位和盈利能力，是企业非常重视的一个指标。通常市场占有率越高，企业竞争力越强。

需要注意的是，市场占有率高，并不代表企业的利润就高。部分企业在市场占有率扩大的过程中，虽然销售的增长致使生产成本下降，但用于扩大市场占有率的运营成本增长远快于生产成本的下降。再加上竞争使产品价格下降，单位产品盈利下降，最终可能导致企业产品的盈利能力下降。

　　所以投资者在根据产品市场占有率选股的同时，也需要关注目标企业的营收数据，包括季报、中报和年报等，避免企业出现资不抵债、资金链断裂的问题。

　　下面来看具体的案例。

**实例分析**
### 华宏科技（002645）产品市场占有率选股解析

　　华宏科技是国内领先的再生资源加工装备专业制造商和综合服务提供商，在再生资源加工设备领域有着多年的历史和深厚的积淀，为稀土回收、废钢设备和电梯零部件细分领域的三大龙头。

　　公司稀土回收业务子公司鑫泰科技具备 3 000 吨普钕氧化物以及 2 500 吨钕铁硼永磁材料的产能，是稀土回收利用的领军企业，在稀土氧化物废料回收利用的细分领域的全球市占率约为 15%。

　　2021 年 5 月，公司收购江西万弘高新技术材料有限公司 100% 的股权，而江西万弘主要从事废旧磁性材料综合回收利用业务。本次收购完成后，华宏科技废旧磁材处理能力超过两万吨，行业市占率在 20% 左右，龙头地位进一步强化。

　　同时，公司 2021 年 1 季报预告显示，预计 2021 年 1 季度公司净利润 1.25 亿 ~ 1.45 亿元，同比增长 704.98% ~ 833.77%，业绩大超预期。公司稀土回收、废钢加工及运营板块都保持较高的景气度，使得公司业绩大幅增长。

　　可以看出，华宏科技在扩张业务、市占率提升的同时，还能保持如此高增长的营收数据，已经充分证明了公司的市场竞争地位和运营能力。投资者从多方面认可该企业后，就要进一步观察其股价变动。

　　如图 3-1 所示是华宏科技 2021 年 1 月到 12 月的 K 线图。

　　从图中可以看到，华宏科技在 2021 年的股价走势整体保持上扬，从年初的 8.310 元附近上涨至年末的 28.60 元，涨幅约为 260%。

　　在此期间，华宏科技的价格虽有一定震荡和回调，但并不影响其上涨趋势。而在财报质量显著提升、稀土回收业务市占率不断提高的基本面大背景下，该股的估值会愈发高涨，投资者需要抓住机会，尽量在低估值区域或是回调区域大胆买进，乘上公司快速发展的东风。

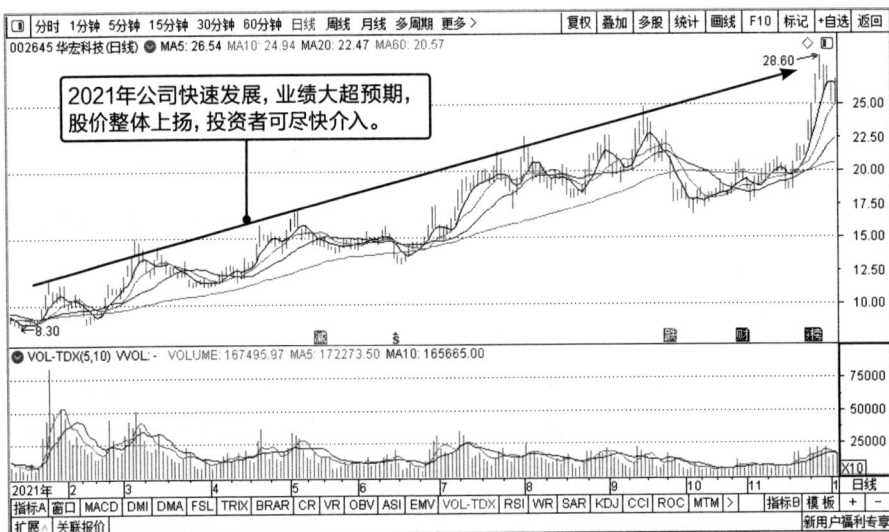

图 3-1　华宏科技 2021 年 1 月到 12 月的 K 线图

## 3.1.2　企业行业地位选股法

企业的行业地位有很大一部分体现在其品牌优势上，而品牌是指消费者对某类产品及产品系列的认知程度。

品牌的本质是品牌拥有者的产品、服务或其他优于竞争对手的优势，能为目标受众带去同等或高于竞争对手的价值。它是能够给拥有者带来溢价、产生增值的一种无形的资产，而增值的源泉来自消费者心中形成的关于其载体的印象。

对于品牌的认可度，是人们对一个企业及其产品、售后服务和文化价值的一种评价和信任。一个企业如果能够在某一细分领域建立强大的品牌优势，获得庞大的品牌认可度，将会收获丰厚的超额利润。

投资者在通过企业品牌优势选股时，需要重点考察以下几个方面。

◆ 企业在行业中的知名度如何？

◆ 企业的信誉度如何？

◆ 企业的产品质量与口碑如何？

◆ 企业的品牌忠诚度如何？

◆ 企业整体盈利水平如何？

从各个方向、各种层面对企业的品牌优势进行考察，确定企业在行业中的地位，对于选股来说是很有必要的一步。当一个企业的品牌优势有充分的发挥，其营收数据和市占率必定会提升，股价自然水涨船高，为投资者带来的收益也大概率会比冷门企业高。

下面来看具体的案例。

**实例分析**

## 珀莱雅（603605）企业行业地位选股解析

珀莱雅是国内大众化妆品品牌公司之一，近年来把握化妆品消费线上化趋势，业绩取得快速增长。自 2003 年诞生以来，珀莱雅秉承着年轻前沿科技力为品牌核心实力，成为顺应时代变迁，快速渗透并影响年轻消费人群的"国货之光"品牌之一。

而许多化妆品企业都以单一品牌为运营重点，但随着消费人群的多元化和差异化，企业由单品牌向多品牌转型的发展道路已经逐渐明晰。珀莱雅作为国内领头的化妆品企业之一，必然会加快多品牌转型进程。

从 2018 年起，公司更多地通过合资、代理等方式拓宽品牌矩阵。一方面通过合资的方式入股彩棠、优妮蜜等；另一方面通过跨境品牌代理的方式运营多个国际品牌，进一步丰富集团品牌生态。

组织架构上，珀莱雅电商部门也做出调整，拆分部门并分别针对成熟品牌、新锐品牌和跨境品牌。集团运营架构更趋成熟，品牌生态逐渐丰富。

作为国内大众化妆品龙头，珀莱雅对于渠道和行业趋势的精准把握，已经使得该品牌具有了相当程度的知名度和忠诚度。近年来电商与新兴营销媒体红利，进一步拉动公司业绩实现高增长。

2019 年，公司实现营收 31.24 亿元，同比增长 32.28%；实现归母净利润 3.93 亿元，同比增长 36.73%。2020 年，公司实现营收 37.52 亿元，同比增长 20.13%；实现归母净利润 4.76 亿元，同比增长 21.22%。

从连续两年的营收数据来看，公司收入和盈利均保持快速增长。结合其品牌优势以及未来发展空间来看，珀莱雅将是一个非常优秀的投资标的。

如图 3-2 所示是珀莱雅 2019 年 1 月到 2020 年 8 月的 K 线图。

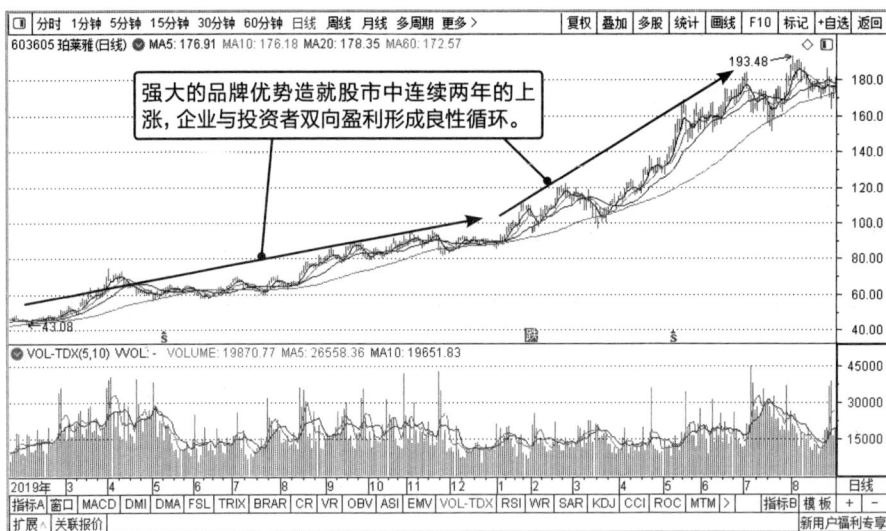

图 3-2　珀莱雅 2019 年 1 月到 2020 年 8 月的 K 线图

从图中可以看到，珀莱雅在 2019 年到 2020 年期间的股价走势非常强势稳定，并且后期的涨速有明显加快。

活跃的成交量也表明市场的交投量较大，从侧面表现出该企业的热门程度。随着珀莱雅品牌效应的扩大，消费者对其品牌的认可度再间接影响其股价，由此造就了连续两年的飙升。

这对于投资者和企业来说都是双赢的，企业获得大量盈利的同时也会将红利回馈给持股者，保持良性循环。而这样的良性循环一般会持续较长时间，投资者的收益也不会低，可见品牌优势的重要性。

### 3.1.3 企业垄断技术选股法

技术垄断是指某经营者在某件产品或某类产品上拥有关键技术，其通过关键技术拥有权将其竞争对手排挤出局，从而达到生产此类产品的垄断权，并且这种垄断权利会受到国家法津的界定与保护。

技术垄断主要是以技术优势作为抑制同业竞争的武器，以及阻止潜在竞争者进入行业的障碍。一旦企业拥有一项垄断技术，就具备了行业中的绝对竞争优势。

这与之前介绍的品牌优势有所不同，技术的垄断代表着独一无二，市面上仅此一家售卖该产品。在替代品稀少、消费者选择面窄的情况下，这样的优势为企业带来的盈利绝对是庞大且持久的。

下面来看具体的案例。

**实例分析**
#### 片仔癀（600436）企业垄断技术选股解析

片仔癀是以医药制造、研发为主业的国家高新技术企业，其核心产品片仔癀是国家一级中药保护品种，其传统制作技艺入选国家非物质文化遗产名录，连续多年居中国中成药单品种出口前列，被誉为"海上丝绸之路"的"中国符号"。

片仔癀中药的处方、工艺均属国家绝密级秘密，受到法律的严格保护，并由漳州片仔癀药业股份有限公司独家生产，是全球独家垄断生产的国家绝密配方。从绝密配方就已经反映了公司产品的超级竞争力，决定了公司股票蕴含着很高的内在价值。

同时，公司在不断做大、做强医药制造业的基础上，朝着日化和保健食品方向扩展。以片仔癀系列产品的稳定性，再加上新渠道的探索和发展，公司行业地位逐年提升，业绩维持高增。

2020 年，公司实现营收 65.07 亿元，同比增长 13.72%；实现归母净利润 16.67 亿元，同比增长 21.27%。2021 年上半年，公司实现营收 38.49 亿元，同比增长 18.56%；实现归母净利润 11.15 亿元，同比增长 28.96%。

绝对的垄断优势为片仔癀企业带来了丰厚的利润，使其具备"天然护城河"。公司长期发展空间广阔，且产品价格伴随消费者购买力的提高与成本上升，有保值增值属性，其股票也具有非常高的投资价值。

如图 3-3 所示是片仔癀 2020 年 6 月到 2021 年 7 月的 K 线图。

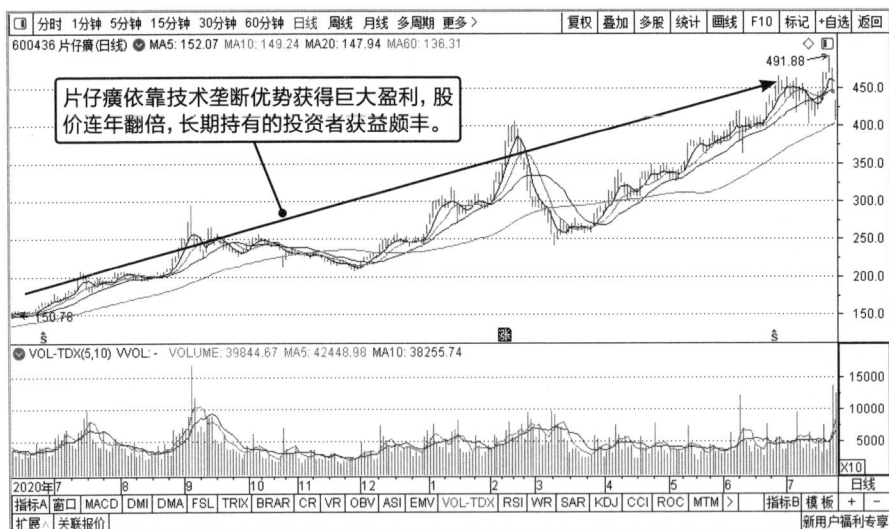

图 3-3　片仔癀 2020 年 6 月到 2021 年 7 月的 K 线图

从图中可以看到，从 2020 年下半年到 2021 年上半年，片仔癀的股价一路攀升，从 150.00 元附近上涨至 491.88 元，仅仅经过一年左右的时间，其涨幅就达到了 228%。连翻两倍的价格影响下，长期持有的投资者和企业本身是最大的受益者。

# 3.2　运用企业财务数据分析

企业的财务数据是反映企业财务状况与经营成果的内容，它主要包括财务账簿数据及报表数据等，如资产负债表数据、损益表数据和现金流量表数据等，这些属于企业的基础财务数据。

而对财务数据的分析是指通过总结和评价企业财务状况与经营成果，判断企业的偿债能力、运营能力、盈利能力和发展能力等。企业在这些方面的表现会很大程度影响其股价的走势，所以投资者也需要特别关注。

## 3.2.1　根据资产负债表选股

资产负债表是反映企业在某一特定日期（如月末、季末、年末）全部资产、负债和所有者权益情况的会计报表，是企业经营活动的静态体现。

如图 3-4 所示是某企业编制的资产负债表。

**资产负债表**

会企 01 表

编制单位：　　　　年　月　日　　　　单位：　元

| 资产 | 期末余额 | 年初余额 | 负债和所有者权益（或股东权益） | 期末余额 | 年初余额 |
|---|---|---|---|---|---|
| 流动资产： | | | 流动负债： | | |
| 货币资金 | | | 短期借款 | | |
| 金融资产 | | | 金融负债 | | |
| 应收账款 | | | 应付账款 | | |
| 预付款项 | | | 预收款项 | | |
| 其他流动资产 | | | 其他流动负债 | | |
| 流动资产合计 | | | 流动负债合计 | | |
| 非流动资产： | | | 非流动负债： | | |
| 债权投资 | | | 长期借款 | | |
| 长期股权投资 | | | 长期应付款 | | |
| 长期应收款 | | | 预计负债 | | |
| 固定资产 | | | 其他非流动负债 | | |
| 无形资产 | | | 非流动负债合计 | | |
| 长期待摊费用 | | | 负债合计 | | |
| 其他非流动资产 | | | 所有者权益（或股东权益）： | | |
| 非流动资产合计 | | | 实收资本（或股本） | | |
| | | | 资本公积 | | |
| | | | 盈余公积 | | |
| | | | 未分配利润 | | |
| | | | 所有者权益（或股东权益）合计 | | |
| 资产总计 | | | 负债和所有者权益（或股东权益）总计 | | |

单位负责人：　　　　财务主管：　　　　制表人：

图 3-4　某企业编制的资产负债表

资产负债表表明企业在某一特定日期所拥有或控制的经济资源、所承担的现时义务和所有者对净资产的要求权。就性质而言，它是表现企业或公司资产、负债与股东权益的对比关系，确切反映公司营运状况。

资产负债表包含的内容较为繁多和复杂，其中最主要的分析方式就是看资产、负债、所有者权益之间的关系。

如果公司负债比重高，相应的所有者权益（即净资产）就低，说明主要靠债务支撑起了资产总额，真正属于公司自己的财产（即所有者权益）不多。这种情况就需要投资者结合其他因素仔细分析，是公司短期业务扩张所致，还是资不抵债的表现。

同时，还可进一步分析流动资产与流动负债。

如果公司短期的流动资产中货币资金与可变现资金总额低于流动负债，说明公司不但还债压力较大，而且借来的资金成了被他人占用的应收账款与滞销的存货，反映了企业经营不善、产品销路不好及资金周转不灵。

在实际情况中，不是所有优秀企业的资产负债表都表现良好。有些企业的负债率和现金流都不是很理想，但随着运营时间的延长，其资产负债若都能够持续改善，也具有一定的投资价值。

下面来看具体的案例。

**实例分析**
### 云天化（600096）根据资产负债表选股解析

云天化是中国百强上市公司、中国化工企业百强、全球共聚甲醛生产与玻纤生产龙头，是国内最大的聚甲醛（五大通用工程塑料之一）生产企业。同时公司通过对外投资，经营范围已拓展到新材料、商贸等领域，形成了化肥、有机化工和玻璃纤维三大主业。

2019年以来，由于较高的资产负债率，公司先后引入建信、交银投资以及特别基金，以增资扩股，持续推进减债降负，降低杠杆率，减少财务费用。

在长时间努力下，资产负债表能够得到一定改善，也会使得利润增长。

如图 3-5 所示是云天化 2019 年 1 季度到 2021 年 3 季度的资产负债率。

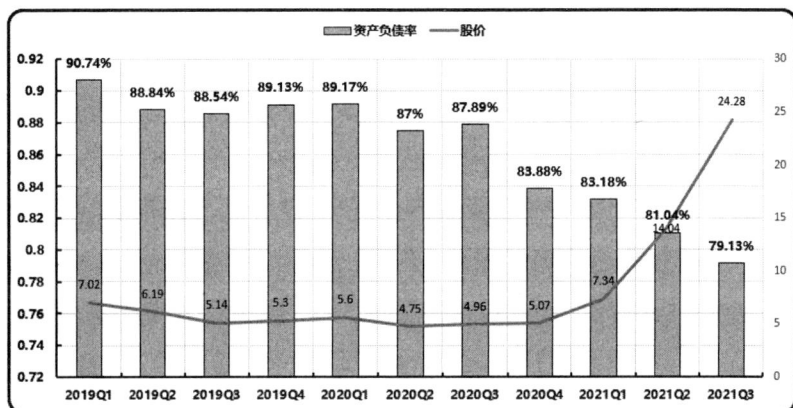

**图 3-5　云天化 2019 年 1 季度到 2021 年 3 季度的资产负债率**

从图中可以看到，云天化的资产负债率是比较高的，但在企业发展中，其资产负债率在不断优化。

2019 年 1 季度，公司 10 亿债转股落地，企业杠杆降低，融资结构进一步优化，公司资产负债结构得到改善。2019 年 3 季度，公司持续推进减债工作，积极优化资产结构，资产负债率连续下滑，已降低至 88.54%。

2020 年，公司不断加强内部管理，持续优化各项可控费用。销售费用、管理费用、财务费用显著减少，同比分别下跌 4.40%、6.19%、32.48%，累计同比减少了 9.71 亿元。

同时公司加强资金集中管控，带息负债总额明显下降，2020 年公司资产负债率同比继续下降 5.25 个百分点至 83.88%。经营性现金流和净现金流同比分别增加 3.86 亿元和 14.88 亿元，整体的资产负债结构持续优化中。

公司资产负债结构在逐步改善的同时，也在加快转型布局精细磷化工业务及氟硅资源综合利用项目，公司业绩底部反转，投资者可大胆介入。

如图 3-6 所示是云天化 2020 年 12 月到 2021 年 9 月的 K 线图。

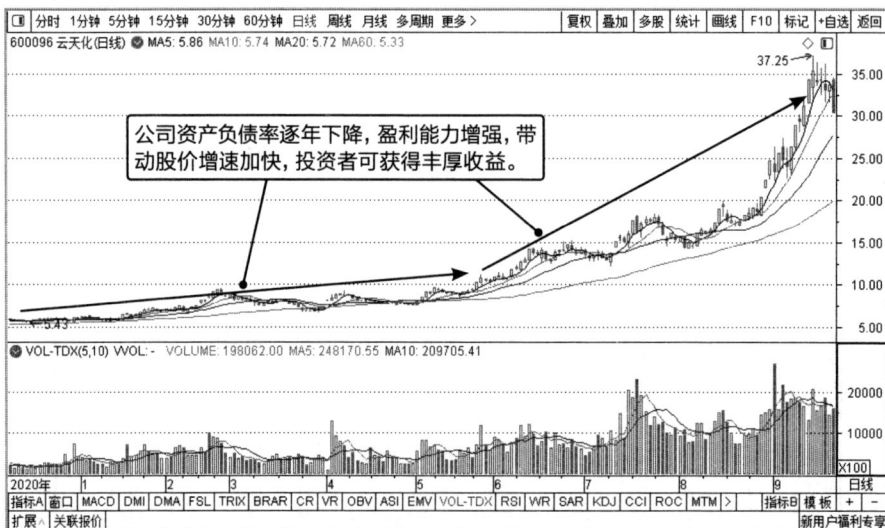

图 3-6　云天化 2020 年 12 月到 2021 年 9 月的 K 线图

从图中可以看到，从 2021 年 1 季度开始，云天化长期低迷的股价开始有所回暖，并在后期实现了愈发快速的增长。

2021 年中报显示，公司 2021 年上半年实现营业收入 309.30 亿元，同比增长 20.56%；实现归母净利润为 15.72 亿元，去年同期为亏损 0.22 亿元，同比扭亏为盈并实现大幅增长，业绩略超预期。

与此同时，公司不断加强内部管理，持续优化各项可控费用，综合资金成本继续下降，财务费用、资产负债率同比继续降低。截至 2021 年 2 季度末，云天化的带息负债同比下降了 26.00 亿元，至 370.00 亿元。

可见公司负债的降低有利于盈利的释放，云天化的盈利能力逐年上升。受多项利好消息刺激，云天化股价在 2021 年 3 季度出现了快速拉升，一路猛涨至 37.25 元，市场活跃度也明显提升，投资者能够获取的收益也比较丰厚。

## 3.2.2　根据销售额变动选股

企业的销售额从定义上来说，指的是纳税人销售货物、提供应税劳务或服务，从购买或接受应税劳务或服务方收取的全部价款和价外费用。简单来说，就是企业销售产品或经营业务所获得的收入。

企业的核心就是产品，而产品的销量从根本上决定了企业的盈利状况，投资者从销售额的变动就能够大致了解该企业的运营情况如何。一般来说，当企业的销售额每季度都在增加，尤其是当增速不断加快时，该企业的业绩与营收也会保持高增长。在企业发展空间拓宽的同时，其股票也相应地具有非常不错的投资价值。

下面来看具体的案例。

**实例分析**

## 中国中免（601888）根据销售额变动选股解析

中国中免是我国旅行社业务种类最为齐全的大型综合旅行社运营商，是集旅游服务及旅游商品相关项目的投资与管理，旅游服务配套设施的开发、改造与经营，旅游产业研究与咨询服务为一体的大型股份制企业，主要从事旅行社业务和免税业务。

2020 年上半年，由于疫情对旅游业的冲击，中国中免的机场端销量损失较大。但离岛免税新政策的及时出台，对居民消费意愿产生强烈刺激，海南离岛免税端销售额实现快速增长。海南省统计局数据显示，2020 年前两个季度，全省离岛免税品零售额为 85.72 亿元，同比增长 30.7%，营收远超市场预期。

而 2020 年 3 季度正值暑期高峰期，4 季度有国庆黄金周和"双 11"等大型销售活动，都有利于下半年离岛免税销售保持成倍增长。2020 年 7 月到 10 月，海口海关数据显示，离岛免税销售金额达 120.10 亿元，同比增长 214.1%。

只要政策保持对免税行业的支持，行业发展就将长时间维持高增长。中国中免因其国资控股以及行业地位的稳固，是其中最大的受益者，具有很高的投资价值，投资者要抓住机会。

如图 3-7 所示是中国中免 2020 年 3 月到 2021 年 2 月的 K 线图。

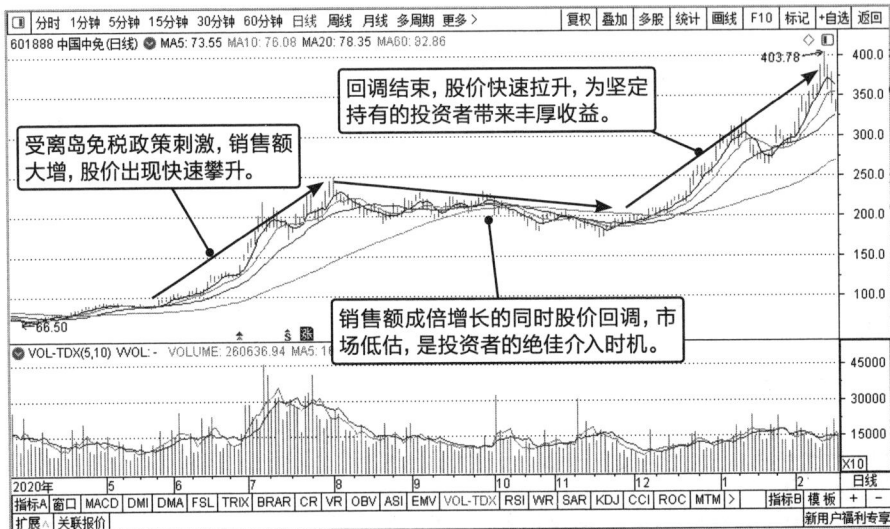

图 3-7　中国中免 2020 年 3 月到 2021 年 2 月的 K 线图

从图中可以看到，中国中免在 2020 年 1 季度受到疫情影响，在营收数据不理想的状态下，股价也相对低迷。但很快在 2 季度末离岛免税政策对消费的刺激下，销售额迅速带动股价回暖。

在 3 季度和 4 季度公司销售额成倍增长的同时，该股价格却进入了平稳的盘整期，可能是对短时间估值拉高的消化，但这对于投资者来说就是绝佳的介入机会。

在基本面数据保持高速增长的同时，股价如果出现这样的表现，很明显就是市场低估的表现。在此时介入能够有效地降低投资者的持股成本，扩大未来的获益空间，这一点也在后续股价的快速拉升中有所体现。

### 3.2.3　根据现金流量大小选股

现金流量是指企业在一定会计期间按照现金收付实现制，通过一定经济活动（包括经营活动、投资活动、筹资活动和非经常性项目）而产生的现金流入、现金流出及其总量情况的总称，即企业一定时期的现金和现金等价物的流入和流出的数量情况。

而衡量企业经营状况是否良好，是否有足够的现金偿还债务，资产的变现能力如何等，现金流量是非常重要的指标。

在现金流量表中，将现金流量分为三大类：经营活动现金流量、投资活动现金流量和筹资活动现金流量。其中经营活动现金流是指直接进行产品生产、商品销售或劳务提供的活动产生的现金流，它是企业取得净收益大小的表现，也是评判企业财务状况的主要因素。

当企业经营活动现金流持续表现良好，并且在每个季度都有所增长时，则该企业的产品销售与经营数据必定亮眼，对其股价也会产生利好影响，使其具有较为优异的投资价值。

下面来看具体的案例。

---

**实例分析**

## 宁德时代（300750）根据现金流量大小选股解析

宁德时代是国内率先具备国际竞争力的动力电池制造商之一，也是国内动力电池领域的绝对龙头，无论是市占率还是核心技术都位居行业头部。公司专注于新能源汽车动力电池系统、储能系统的研发、生产和销售，核心业务包括锂离子电池、锂聚合物电池和燃料电池等。

2020 年，公司实现营收 503.19 亿元，同比增长 9.90%；实现归母净利润 55.83 亿元，同比增长 22.43%。其中经营活动现金流 184.30 亿元，同比增长 36.8%，为净利润的 3.02 倍。2020 年 4 季度单季经营活动现金流达 81.24 亿元，同比增长 158.1%，表现出公司强大的造血能力。

2021 年 1 季度，公司经营活动现金流达到 109.67 亿元，同比增长 248.51%，为净利润的 4.68 倍，营收占比为 57.22%。1 季度末，公司现金及现金等价物余额达到 657.89 亿元，现金流展现了公司超强的盈利和经营性占款能力。

在近年来的能源革命背景下，宁德时代作为动力电池领域头部企业，将会在行业竞争中占据优势地位，进而巩固公司锂电的"王者"地位。

对于投资者来说，这样具有高成长性和盈利确定性的企业是绝佳的价值投资对象。而且从宁德时代连年翻倍的经营活动现金流量来看，它很有可能会成为股市中一匹强势的黑马。

如图3-8所示是宁德时代2020年1月到2021年12月的K线图。

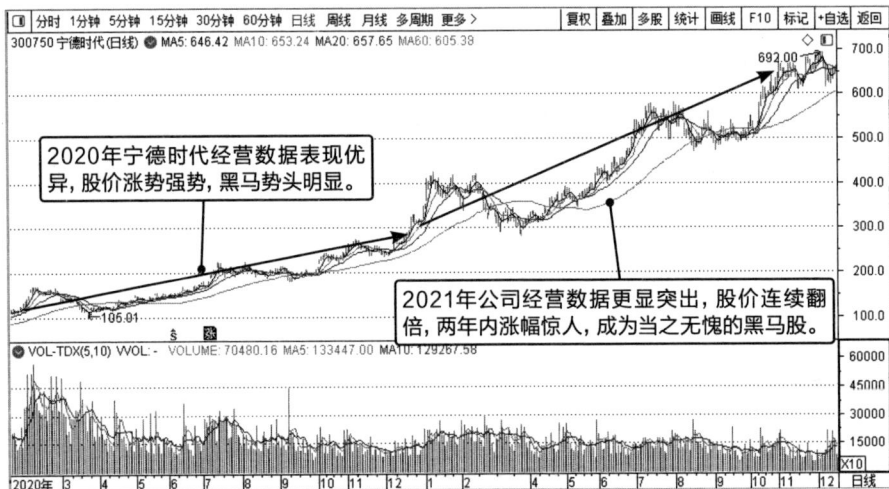

图3-8　宁德时代2020年1月到2021年12月的K线图

从图中可以看到，宁德时代在2020年期间的股价涨势十分强势，一度在年末达到了300.00元左右。而在2021年，其价格走势更为迅猛，在阶段性的数次拉升下，截至2021年12月，宁德时代的价格已经上涨到了接近700.00元的位置。

相较于2020年初的100.00元左右，宁德时代在两年时间内的涨幅达到了600%。两年翻7倍的涨势，在整个股市中都是非常罕见且惊人的，是近年来当之无愧的黑马股，为投资者带来的利益可想而知。

## 3.3　关注企业重大事件影响

企业在经营和发展过程中，会经历不断的变革与更新换代，如管理层的变动、股东的增减、资产的重组和子公司的成立等。这些关系到企业未来发展的重大事件一旦发生，一般都会对其股价产生或多或少的影响，所以对于目标企业的重大事件，投资者也要保持关注。

按我国法律规定，当发生可能对上市公司证券及其衍生品种交易价格产生较大影响的重大事件，投资者尚未得知时，上市公司应当立即披露，说明事件的起因、目前的状态和可能产生的影响。

因此，投资者可以从企业的官网或是相关发布网站上浏览公告，进而做出相应的投资决策。

### 3.3.1 控股股东变动时如何选股

企业控股股东有两种，一种是指其出资额占有限责任公司资本总额 50% 以上的股东，或者其持有的股份占股份有限公司股本总额 50% 以上的股东。

而另一种控股股东是指出资额或者持有股份的比例虽然不足 50%，但依其出资额或者持有的股份所享有的表决权，已足以对股东会、股东大会的决议产生重大影响的股东。

一个企业的控股股东变动，是一件能够决定企业未来发展的重大事件。比如企业的控股股东变更为国资，就代表该企业受到了国家关注和支持，这对企业的股价会产生极大的利好刺激，消息宣布之时就是投资者的介入时机。

当然，控股股东的变更有时也会对价格产生负面影响，较为典型的就是国资撤资和控股股东减持。这两种情况都非常不利于企业的股票价格走势，暴跌也是常事，投资者一定要注意这一点。

下面来看具体的案例。

**实例分析**

## 扬农化工（600486）控股股东变更选股解析

扬农化工是国内农药行业的龙头之一，主营农药制造、加工。历经数十年发展，扬农化工已经成为品类齐全、研产销一体化能力突出的综合农药供应商。2020年11月，公司发布公告，中化国际、扬农集团与先正达集团签署《框架协议》，中化国际及扬农集团将不再直接或间接持有扬农化工股份，先正达集团将持有公司1.12亿股股份，占公司已发行股份总数的36.17%。公司的控制权发生变更，控股股东由扬农集团变更为先正达集团。

先正达集团是全球第一大植保公司和第三大种子公司，也是国内重要的农药采购商，而扬农化工为国内优质的原药供应商。二者的结合，带来的不只是一加一的业绩叠加，在未来，扬农化工能够借助先正达集团的优质资源、销售渠道以及品牌优势，实现自身的业务快速扩张，进一步提升行业竞争力。

可见新股权结构的变更，将非常有利于拓展公司的成长空间，同时也会间接提升其股票的投资价值，投资者可以抓住机会大胆介入。

如图3-9所示是扬农化工2020年1月到2021年2月的K线图。

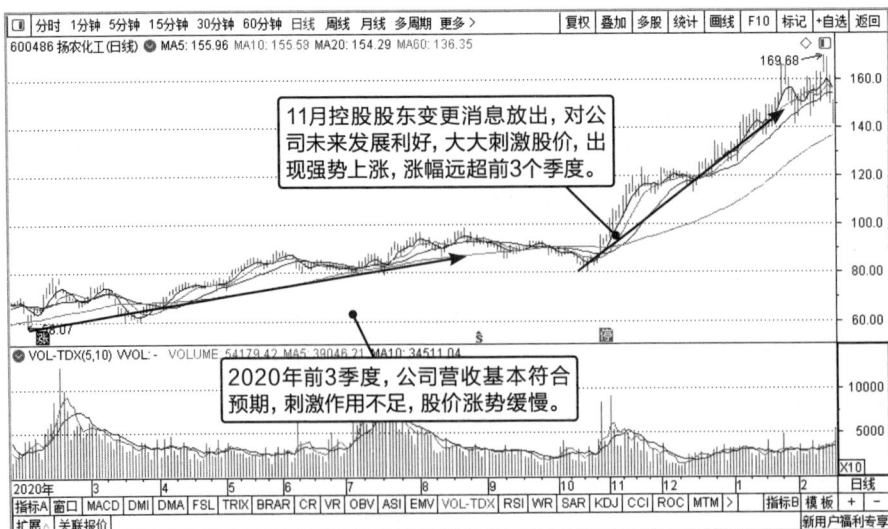

图 3-9　扬农化工 2020 年 1 月到 2021 年 2 月的 K 线图

从图中可以看到，在 2020 年前 3 季度，扬农化工的股价涨势并不算太优秀。公司在 2020 年前 3 季度的报告显示，前 3 季度实现营业收入 79.56 亿元，同比增长 12.67%，实现归母净利润 10.23 亿元，同比下滑 4.34%。

尽管前 3 季度扬农化工的业绩在保持增长，但基本符合预期的业绩对股价的刺激显然有些不足，导致其涨势缓慢，在 3 季度末还出现了下滑。

但紧接着在 11 月放出的控股股东变更消息，更是一石激起千层浪。在 11 月初股权交易完成后，公司的股价急转直上，短短半个月就将股价从 80.00 元左右拉升到 120.00 元附近，几乎赶上了前 3 个季度的整体涨幅。

而后续的股价在整理了一段时间后再次以较快的速度攀升，截至 2021 年 2 月，扬农化工的价格已经涨至 169.68 元。从 11 月初的 80.00 元左右到接近 170.00 元，4 个月内的涨幅就达到了近 113%，远远超过了 2020 年前 3 个季度的涨幅，可见控股股东的变更对股价的刺激作用。

## 3.3.2　企业资产重组时如何选股

资产重组是指企业资产的拥有者、控制者与企业外部的经济主体进行的，对企业资产的分布状态进行重新组合、调整和配置的过程，或对设在企业资产上的权利进行重新配置的过程。

企业的资产重组除了股权转让、兼并收购、资产置换和资产剥离等基本方式以外，还包括企业法律形式改变、国有股回购、托管、公司分拆、租赁和合并等方式。

与前面介绍的控股股东变动类似，企业的资产重组也是发展中的重要一环，对其股价也会产生较大影响。在进行资产重组时，企业按规定会向社会进行披露，投资者可以保持关注。

下面来看具体的案例。

**实例分析**

## 人福医药（600079）企业资产重组选股解析

人福医药是国内较为稀缺的，很少受政策扰动，业绩持续快速增长的麻醉细分领域龙头。

公司凭借麻醉镇痛（芬太尼系列、氢吗啡酮、纳布啡等）打造了国内顶尖的麻醉用药研发平台和专业学术推广体系，奠定了麻醉领域龙头地位；同时，公司与华西医院合作，积极向麻醉镇静领域拓展，研发局麻创新药。

2020 年 4 月初，公司发布资产重组预案，称将通过发行股份以及支付现金，购买核心子公司宜昌人福管理层 13% 的股权。交易完成后，宜昌人福高管将持有上市公司股份。

这一项资产重组对公司意义重大，新管理层将进一步向企业核心聚拢，管理效率的提升也有助于降低资产负债率，提升研发效率。

如图 3-10 所示是人福医药 2019 年 8 月到 2020 年 8 月的 K 线图。

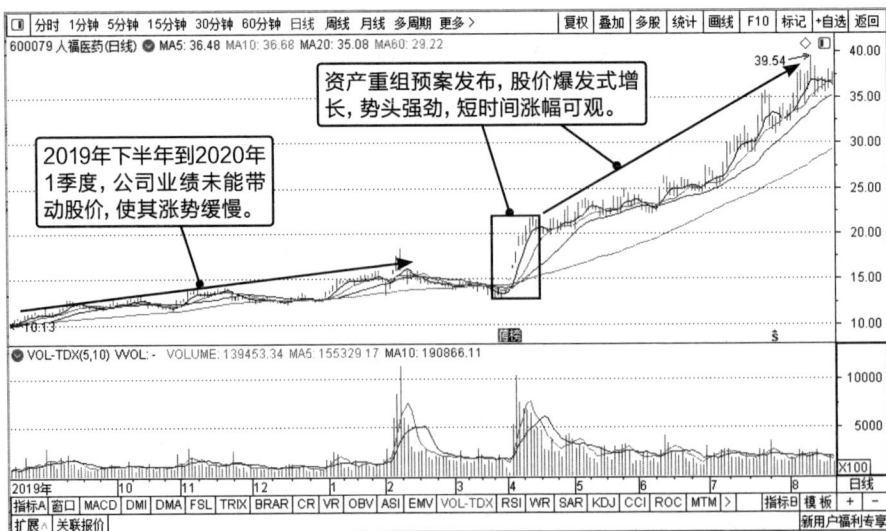

图 3-10　人福医药 2019 年 8 月到 2020 年 8 月的 K 线图

从图中可以看到，人福医药的股价在 2019 年下半年的涨幅非常缓慢，并且受疫情影响，股价在 2020 年 1 季度还出现了回落。

结合其基本面数据来看，2019 年公司实现营收 218.00 亿元，同比增长 17%，实现净利润 8.40 亿元。2020 年 1 季度，公司实现营收 45.74 亿元，同比下滑 13.1%，实现净利润 1.37 亿元，同比下滑 20.9%。由此看来，人福医药在前期的微弱涨势和小幅回落，与其业绩表现是比较符合的。

而在 2020 年 4 月初，公司公布资产重组预案后，人福医药的股价明显有了一个爆发式的增长。数个涨停板和跳空高开阳线的出现，在数天内将股价急速拉升至 20.00 元附近，尔后便保持较快的涨速一路攀升。

截至 2020 年 8 月，人福医药的股价已经达到了近 40.00 元，距离 4 月发布资产重组公告之前的 15.00 元左右，涨幅约有 167%。在短时间内能有如此高的涨幅，说明此次资产重组对于人福医药的意义较大，抓住机会的投资者收获不小。

### 3.3.3　企业报告发布后如何选股

上市公司需要定期向投资者和社会公众公开披露报告，主要包括年度报告、中期报告和季度报告。这 3 种报告也是投资者最常使用的、用于分析公司经营状况的报告。

定期报告从季度到年度，其内容会愈加详尽复杂，所披露的事项也会增多。投资者在阅读时，可以挑选几项关键数据重点参考，比如资产负债表、财务状况变动表等，当发现企业业绩超出市场预期时，投资者就可以将其列入重点关注范围。

下面来看具体的案例。

**实例分析**
**华友钴业（603799）企业定期报告选股解析**

华友钴业是国内钴行业龙头，历经发展和沉淀，打造了从钴镍资源、冶炼加工、锂电正极材料到资源循环回收利用的完整的新能源锂电产业链。

2020 年 10 月底公司发布 2020 年 3 季报，报告显示公司前 3 个季度实现营收 148.40 亿元，同比增长 5.8%；实现归母净利润 6.87 亿元，同比增加 640%。业绩超出市场预期，同比改善明显。

如图 3-11 所示是华友钴业 2020 年 9 月到 2021 年 2 月的 K 线图。

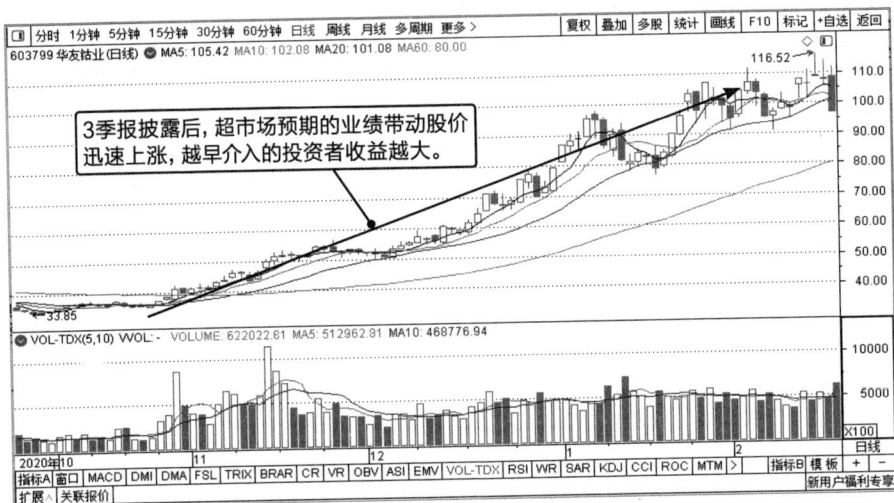

图 3-11　华友钴业 2020 年 9 月到 2021 年 2 月的 K 线图

从图中可以看到，在 10 月底华友钴业的 3 季报披露之后，超出市场预期的优秀业绩刺激股价立刻开始上涨，且涨速在后期逐渐加快，成交量也在成倍增加。

市场在接收到公司披露的定期报告后，给出的反应会直接表现在股市上，越是利好的消息，对价格的刺激越大，股价的波动也会越大。越是果断介入的投资者，其后期的获益空间就越宽阔。

# 第4章

## 借经典理论：何时进场要认准

股票市场在近百年的发展过程中，诞生了大量的经典理论，并在后市进行了不断改良与印证，比如著名的波浪理论、奠基的道氏理论和常用的量价理论等。这些流传已久的经典理论集实用性和准确性于一体，能够从技术面帮助投资者选择适宜的股票。本章就将选取几种常见的理论，结合案例进行解析。

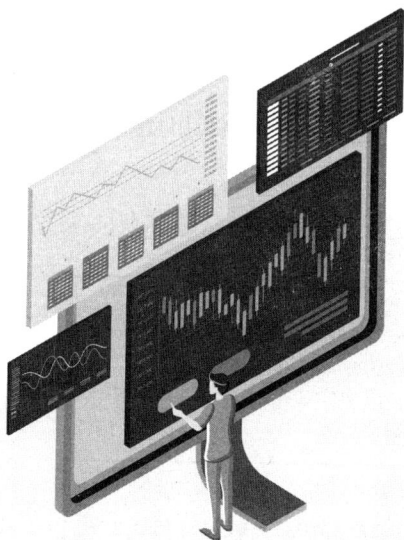

- 借助江恩理论选股
- 借助量价理论选股
- 借助箱体理论选股
- 借助波浪理论选股

# 4.1 借助江恩理论选股

江恩理论是威廉·江恩（William D.Gann）通过对数学、几何学和天文学的综合运用，建立的独特分析方法和测市理论，结合自己在股票和期货市场上的骄人成绩和宝贵经验提出的。

江恩理论认为，市场的价格运行趋势不是杂乱的，而是可通过数学方法预测的。它的实质就是在看似无序的市场中建立严格的交易秩序，可以用来发现何时价格会发生回调和将回调到什么价位。

江恩理论整体构成复杂，内容深奥，其中包括江恩买卖法则、江恩回调法则、江恩波动法则、江恩轮中轮和江恩线等大量理论知识。本章会选择几项相对简单、常见的法则进行选股解析，方便投资者理解与使用。

## 4.1.1 江恩买卖十二法则选股法

江恩买卖十二法则是江恩总结 45 年在华尔街投资买卖的经验，写成的 12 条买卖规则。江恩在这 12 条规则之上，建立了整个买卖系统。

基本上该法则使用的方法是纯粹以技术分析为主，能够判断市场趋势，也能够决策买卖点，具体如表 4-1 所示。

表 4-1　江恩买卖十二法则

| 法　　则 | 含　　义 |
| --- | --- |
| 法则一：决定趋势 | 江恩认为，在所有市场中，决定其趋势是最为重要的一点。对于股票而言，其平均综合指数最为重要，以决定大市的趋势。而分析大市指数时，可以使用三日图及九点图。 |
| 法则二：在单底、双底或三底买入 | 当市场到达底部，出现单底、双底甚至三底，并向上突破时，市场阻力成为支撑力。当市价回落至该底部形态突破位或稍低于突破位，都是重要的买入时机。 |
| 法则三：根据百分比买卖 | ①若股价在高位回落 50%，是一个买入点。②若股价在低位上升 50%，是一个卖出点。 |

续表

| 法　则 | 含　义 |
|---|---|
| 法则四：调整3周后买卖 | ①当市场趋势向上时，若股价出现3周的调整，是一个买入的时机。<br>②当市场趋势向下时，若股价出现3周的反弹，是一个卖出的时机。 |
| 法则五：市场分段运行 | 当上升趋势开始时，通常分为3段甚至4段上升，才可能走完整个趋势；反之，在下跌的趋势中亦然。 |
| 法则六：利用5至7点波动买卖 | ①若市场趋势上升，当市场出现5至7点的调整时，可趁低吸纳。通常情况下，市场调整不会超过9至10点。<br>②若市场趋势向下，当市场出现5至7点的反弹时，可趁高卖出。 |
| 法则七：市场成交量 | ①当市场接近顶部的时候，成交量通常会大增，市场可能反转。<br>②当市场一直下跌，成交量通常会持续缩减，市场可能见底反弹。 |
| 法则八：时间因素 | ①当市场在上升的趋势中，其调整的时间较之前一次调整的时间更长，表示这次市场下跌可能是转势。<br>②当市场在下跌的趋势中，若市场反弹的时间第一次超越前一次的反弹时间，表示市势可能已经逆转。 |
| 法则九：当出现高低或新高时买入 | ①当市价不断开创新高，表示市势向上，可以买入。<br>②当市价不断下破新低，表示市势向下，可以卖出。 |
| 法则十：趋势逆转 | ①当市场处于升市时，可参考江恩的九点图及三日图。若九点图或三日图下破对上一个低位，表示市势逆转的第一个信号。<br>②当市场处于跌市时，若九点图或三日图上破对上一个高位，表示市势见底回升的机会十分大。 |
| 法则十一：最安全入货点 | ①在市价见底回升后，市势向上，出现第一个拉升，之后会有调整。当市价无力破底而转头向上，上破第一次拉升的高点时，便是最安全的买入点。<br>②在市价见顶回落后，市势向下，出现第一次下跌，之后市价反弹形成第二个较低的顶。当市价再下破第一次下跌的底部时，便是最安全的卖出点。 |
| 法则十二：快速市场的价位滚动 | 若市场趋势快速，则市价平均每天上升或下跌一点；若市场平均以每天上升或下跌两点，则市场已超出正常的速度，市势不会维持过久。这类市场速度通常发生于升市中的短暂调整，或者是跌市中的短暂反弹。 |

下面就来分析具体的案例。

**实例分析**
### 莱伯泰科（688056）江恩买卖十二法则选股解析

如图 4-1 所示是莱伯泰科 2020 年 12 月到 2021 年 6 月的 K 线图。

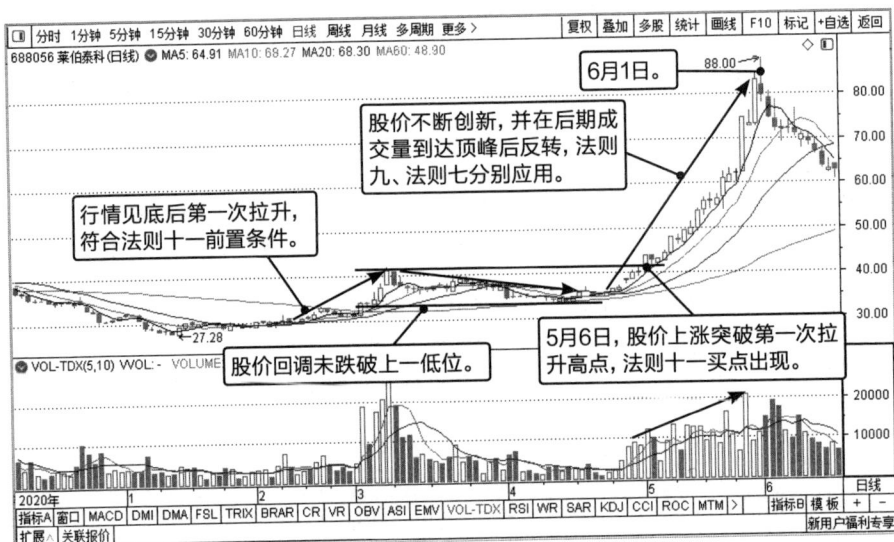

图 4-1　莱伯泰科 2020 年 12 月到 2021 年 6 月的 K 线图

图中展示的是莱伯泰科的股价底部，可以看到，该股在前期经历了一段时间的下跌，最终在 2021 年 1 月中上旬创出 27.28 元的新低，到达上一段行情的底部。

股价在见底后并没有立刻大幅回升，而是在上浮到 30.00 元的价位线附近后横向运行。直到 2 月中上旬成交量明显放大后，股价才在这股推涨力的带动下再次上涨，并在 3 月初进行了一次较为快速的拉升。

虽然此次拉升持续时间不长，上涨幅度也不大，但也符合江恩买卖十二法则第十一条的前置要求，即行情见底回升后的第一次拉升。

3 月中上旬，拉升很快结束，将股价推到了 40.00 元左右后进入了回调，在后续的一个多月时间内缓慢下滑。4 月中旬，股价到达 33.00 元的价位线附近后止跌回升。而此时的回调底部相较于 1 月的行情底部略高，股价并未跌破低点，一旦后续的上涨超过了第一次拉升的高点，就将成为安全的买点。

4 月中下旬，股价的涨速逐渐加快，中阳线开始替代小阳线频繁出现，第二波拉升开始了。5 月 6 日，股价平开高走，盘中成交量活跃，不断将股价上推，最终以单日 8.83% 的涨幅收盘。

股价当日凭借一根中阳线成功向上突破了 40.00 元的大关，同时也突破了第一次拉升的最高点。此处江恩买卖十二法则第十一条的条件全部达成，也就是说最安全的买点出现了，投资者在这个位置就要果断介入。

该股在出现最佳买点后一路猛涨，越来越快的涨速使得股价不断创出新高。而在这里，江恩买卖十二法则第九条的前置条件也出现了，即当市价不断开创新高，表示市势还在向上，投资者可以趁机追市买入。

5 月中下旬，拉升进入了后期，此时股价涨势不减，甚至还出现了涨停，成交量也达到了拉升的峰值。江恩买卖十二法则第七条表示，当市场接近顶部的时候，成交量通常会大增，此时市场可能反转。

果然，在成交量峰值出现后数天，6 月 1 日，股价在开盘后迅速冲高回落，并在随后进入了快速的下跌。熟知江恩买卖十二法则的投资者在判断出第九条法则的前置条件后就应该有所警惕，在市场转势的开始就迅速兑利离场，将自身损失尽量降低。

在以上的案例中，仅是莱伯泰科这一段从底部到顶部的走势，就应用到了江恩买卖十二法则中的数项，并且从股价后续的发展来看，这些发展准确度也较高，可见经典理论的实战性。

但江恩买卖十二法则从深层次的分析来说，也是比较复杂深奥的，比如三日图及九点图的绘制和使用，就是新手投资者比较难掌握的。但是追求专业的投资者也可以自行进行深入研究，更为充分地利用江恩买卖十二法则，以辅助做出决策。

## 4.1.2 江恩回调法则选股法

江恩回调法则是江恩价格理论中重要的一部分，它是根据价格水平线的概念，以 50%、75% 和 100% 作为回调位置，能够对价格运动趋势构成强大的支撑或阻碍。

回调法则中的"回调"主要是指价格在主要趋势中的反向运动。如果主要趋势是上涨的，那么反向运动就是指股价往下的调整；如果主要趋势是下跌的，那么反向运动就是指股价产生的反弹。

而回调法则中的 50%、75% 和 100%，指的是两个价格之间差值的 50%、75% 和 100%。下面通过一个示例来直观理解。

当某只股票价格从 60.00 元最高点下降到 40.00 元最低点开始反转，价格差值是 20.00 元，这一差值的 50% 为 10.00 元，即股价上升到 50.00 元时将回调。

而 50.00 元与 40.00 元差值的 50% 为 5.00 元，即股价回调到 45.00 元时再继续上升。上涨到最高的 60.00 元与最低点 40.00 元差值的 75%，即 55.00 元时，再进行一次 45.00 元与 55.00 元差值 50% 的回调，即 50.00 元。最后股价上升到 60.00 元，完成对上一个下跌阶段 100% 的回升。

以上回调法则示例的示意图如图 4-2 所示。

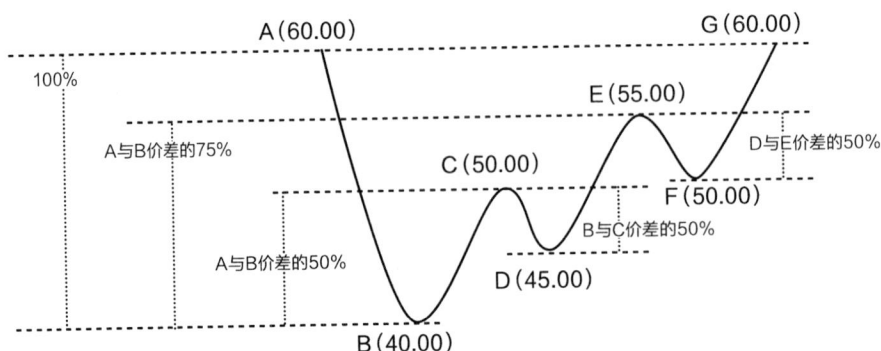

图 4-2 回调法则举例图示

在实际操作中，50%、75% 和 100% 是重要的支撑位和阻力位，但这些数字并非绝对，股价的走势也不会一直严格按照既定的数据运行。所以投资者在使用时可以灵活一些，不必拘泥于特定的数据。

有时候，就算股价并未在 50%、75% 和 100% 的幅度时出现回调或上涨，投资者也可以在这些位置进行买卖操作。比如当股价从 50.00 元回调到 45.00 元时投资者买入，但股价最终在 42.00 元的位置才止跌回升，直至上涨到 50.00 元以上，那么投资者在后续卖出时依旧能够获得收益。

下面就来分析具体的案例。

**实例分析**
## 双象股份（002395）江恩回调法则选股解析

如图 4-3 所示是双象股份 2018 年 5 月到 2019 年 4 月的 K 线图。

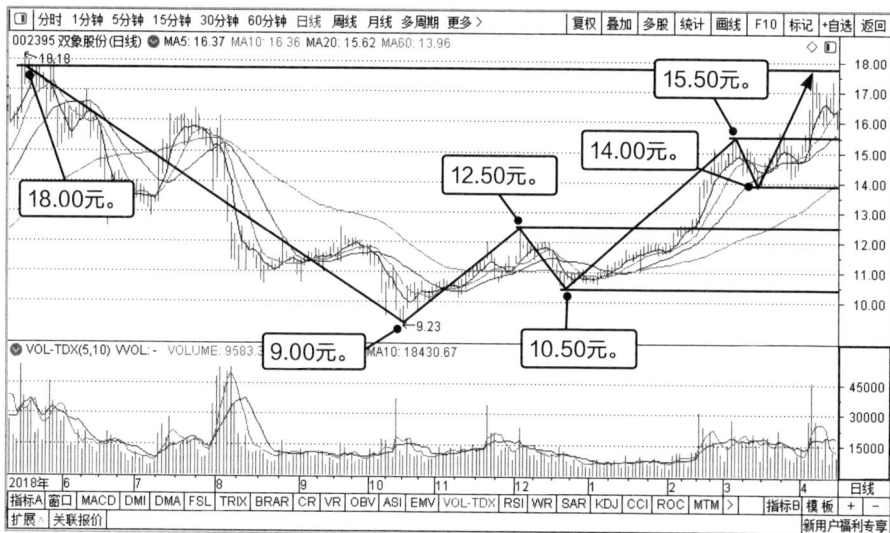

图 4-3 双象股份 2018 年 5 月到 2019 年 4 月的 K 线图

从图中可以看到，该股在 2018 年 10 月之前处于下跌之中，股价从 18.00 元的价位线附近，一路下跌至 10 月中上旬的 9.00 元左右，出现回调法则的第一个买点。

按照回调法则的差值 50% 回调幅度，股价在 9.00 元的位置止跌后，第一波回升，理论上应该会在 13.50 元 [（18.00–9.00）×50%+9.00] 的位置附近止涨。但实际上 12 月初，该股在 12.50 元左右便结束了第一波拉升，与理论位置也只有一元之差，这是回调法则中的第一个卖点。

12 月中上旬，第一波拉升结束后股价回调，理论中的回调底部应该在 10.75 元 [（12.50–9.00）×50%+9.00] 左右。实际上股价却是在 10.50 元附近止跌，与理论值相差不大，此为第二个买点。

第二次拉升的参照数据为下跌高点与低点差值的 75%，理论上在 15.75 元 [（18.00–9.00）×75%+9.00] 左右。实际上在 2019 年 3 月初，该股的第二波拉升在 15.50 元附近停止，非常接近理论值，第二个卖点出现了。

股价紧接着回调，此次的理论回调底部为 15.50 元与 10.50 元之间的差值 50%，即 13.00 元 [（15.50–10.50）×50%+10.50] 附近。而 3 月中上旬，股价在 14.00 元左右止跌，与理论值的差距也是 1 元之差，此为第三个买点。

最终的一波拉升，会完成对上一次下跌 100% 的回复，那么股价理论上将会回升到 18.00 元左右。果然在 4 月初，股价很快向上攀升，在数根大阳线的推动下到达了 18.00 元的价位线下方。虽然最后并未突破价位线达到完全的回复，但实际值与理论值的差距在 0.50 元之内，是回调法则的最后一个卖点。

在双象股份的这一段走势中，投资者可以看到，江恩回调法则所预测的数据其实是比较准确的，其中 50%、75% 和 100% 这 3 个数据起到了关键的计算作用。投资者只要正确应用回调法则，在回升的走势中也能获得短期的不错收益。

### 4.1.3 江恩波动法则与共振选股法

江恩波动法则包含着非常丰富的内容，但江恩并未对此法则给出明确的定义和诠释，这也就导致了后世研究江恩理论的分析人员对波动法则的理解各不相同。

江恩认为，市场的波动率或内在周期性因素，来自市场时间与价位的倍数关系。当市场的内在波动频率与外来市场推动力量的频率产生倍数关系时，市场便会出现共振关系，令市场产生向上或向下的巨大作用。

而具体引起共振的条件，主要有以下几点。

①当长期投资者、中期投资者、短期投资者在同一时间点，进行方向相同的买入或卖出操作时，将产生向上或向下的共振。

②当时间周期中的长周期、中周期、短周期交会到同一个时间点且方向相同时，将产生向上或向下共振的时间点。

③当长期移动平均线、中期移动平均线、短期移动平均线交会到同一价位点且方向相同时，将产生向上或向下共振的价位点。

④当 K 线系统、均线系统、成交量、KDJ 指标、MACD 指标、布林线指标等多种技术指标均发出买入或卖出信号时，将产生技术分析指标的共振点。

⑤当金融政策、财政政策、经济政策等多种政策方向一致时，将产生政策面的共振点。

⑥当基本面和技术面方向一致时，将产生极大的共振点。

⑦当某一上市公司基本面情况、经营情况、管理情况、财务情况、周期情况方向一致时，将产生这一上市公司的共振点。

可以看出，江恩认为共振是使股价产生大幅波动的重要因素，是发生在同一时间多种力量向同一方向推动的力量。

当共振条件不满足时，共振不会发生；当部分条件满足时，也会产生共振，但作用较小；而共振的条件满足得越多，共振的威力就越大。投资者一旦找到这个大幅共振点，将可获得巨大利润或者回避巨大风险。

下面就来分析具体的案例。

**实例分析**
**博腾股份（300363）江恩波动法则与共振选股解析**

如图 4-4 所示是博腾股份 2019 年 11 月到 2020 年 2 月的 K 线图。

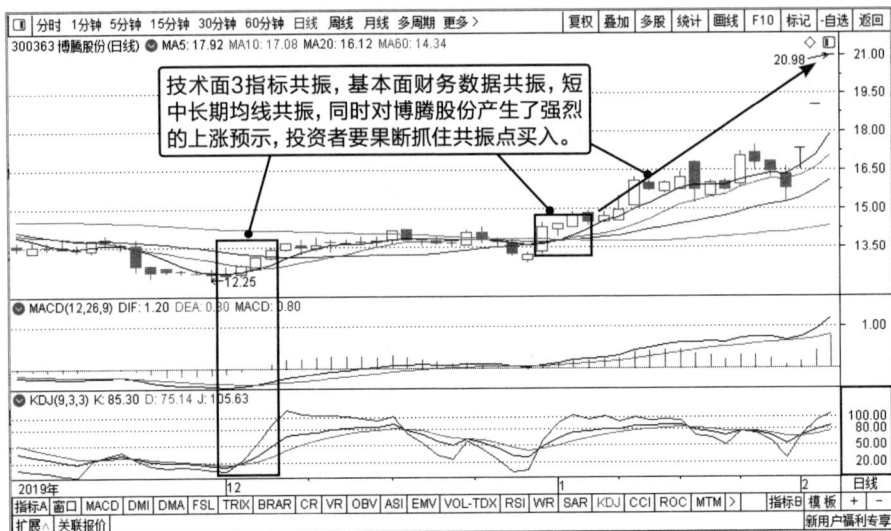

图中的文字框内容：

技术面3指标共振，基本面财务数据共振，短中长期均线共振，同时对博腾股份产生了强烈的上涨预示，投资者要果断抓住共振点买入。

图 4-4　博腾股份 2019 年 11 月到 2020 年 2 月的 K 线图

图中展示的是博腾股份的上涨初期，可以看到，在这一段走势中，股价由平缓转为上扬，并且涨速还在不断加快。

2019 年 12 月初，股价在一次快速下跌后立刻回升，K 线呈现为连续收阳上涨。而均线中的 5 日均线上穿 10 日均线，形成了一个黄金交叉，K 线与均线指标都发出了买入信号。

再看下方的 MACD 指标，DIF 线在零轴之下上穿 DEA 线，形成 MACD 指标的黄金交叉；KDJ 指标的 K 值、D 值和 J 值在 20.00 以下的超卖区形成向上的黄金交叉，两项常用指标也同时发出了买入信号。此时，3 个常用指标与 K 线一同形成了技术指标的共振。

2020 年 1 月初，由 5 日均线、10 日均线、20 日均线和 60 日均线构成的均线组合，在 13.00 元的价位线上方共同交叉于一点，并且在后续全部向上发散开来。长期均线、中期均线和短期均线实现了向上的共振。

再来看基本面，博腾股份是国内排名前 3 的医药研发生产外包组织，主要致力于为全球制药公司、新药研发机构等提供从临床早期研究直至药品上市，全生命周期所需的定制研发和定制生产服务。

2019 年，公司收入 15.51 亿元，同比增长 31%；实现净利润 1.86 亿元，同比增长 49%。其中，3 季度单季度收入和净利润均创历史新高，毛利率和净利润率各项指标均显著提升，经营态势大幅向好。

同时，随着公司产能利用率持续提升，规模效应显现，研发人员 CRO 项目交付效率持续提高，费用率下降等，未来数年公司净利润增速将持续显著超过收入增速，保持更快增长，实现了上市公司的数据共振。

从基本面到技术面，博腾股份实现了大部分共振条件，而共振点大约就在 2019 年末与 2020 年 1 季度之间。而更为准确的买点，则是在 3 个技术指标同时出现金叉的位置，即 2019 年 12 月初。

如图 4-5 所示是博腾股份 2019 年 11 月到 2021 年 8 月的 K 线图。

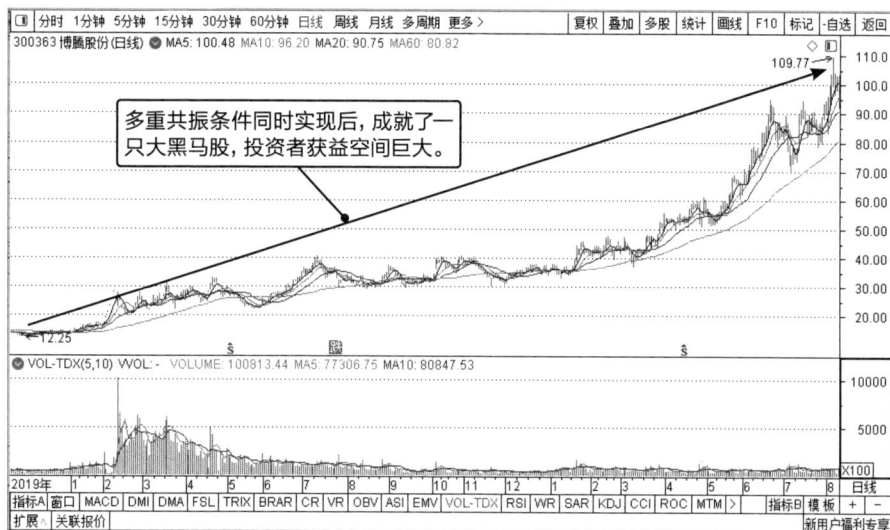

图 4-5 博腾股份 2019 年 11 月到 2021 年 8 月的 K 线图

从图中可以看到，博腾股份在共振点出现后，迅速开始了拉升，并在后续的上涨中保持着越来越快的增速。

截至 2021 年 8 月，博腾股份的股价已经创出了 109.77 元的新高，相较于共振点位的 12.00 元左右，涨幅近 815%。在两年不到的时间里连翻 8 倍，该股也有足够的实力被称为大黑马了。

由此可见，选择了正确共振点的投资者能够获得的报酬是非常惊人的。尤其是当基本面与技术面产生共振时，其威力更是巨大。

# 4.2　借助量价理论选股

量价理论是一种衡量股价的理论，最早由美国股市分析家葛兰威尔在《股票市场指标》一书中提出。

葛兰威尔认为，成交量是股市的动力，成交量的变动直接影响着股市交易是否活跃，人气是否旺盛，而且体现了市场运作过程中供给与需求间的动态实况。没有成交量的发生，市场价格就不可能变动。

量价关系的状态不仅是市场运动的现实反映，而且还影响着市场未来的发展趋势。无论是量价配合还是量价背离，对股价接下来的走势都会产生直接的影响。

一般情况下，市场的成交量与股价之间的关系具有相对的稳定性，即两者的增长与衰减保持同步，在量价配合的状态下，推动市场按照既定的趋势继续前行，在选股时具有重要意义。

## 4.2.1　量增价涨选股法

量增价涨就是指随着成交量的持续放大，价格也在不断上涨，即成交量的放大与价格的上涨呈同步状态。

这种量价关系常见于比较稳定的上升行情中，是买盘资金加速入场、上涨动力十分充足的标志。一般来说，只要这种量价关系稳定地保持下去，上升行情就不会突然结束。可以说，这种量价关系是投资者选择牛股并把握升势持续性的重要线索。

下面就来分析具体的案例。

## 鑫科材料（600255）量增价涨选股解析

如图 4-6 所示是鑫科材料 2020 年 10 月到 2021 年 3 月的 K 线图。

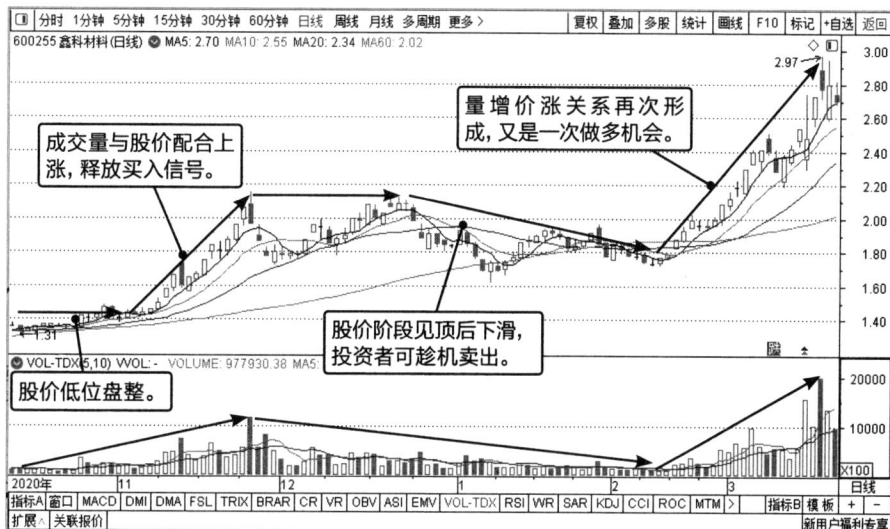

图 4-6 鑫科材料 2020 年 10 月到 2021 年 3 月的 K 线图

图中展示的是鑫科材料的上涨阶段，可以看到，该股的这一段 K 线图共出现了盘整、上涨和下跌 3 种走势，而每种 K 线走势对应的成交量表现也各不相同。

2020 年 10 月期间，股价的走势由横向盘整转为上涨，并在 11 月初实现了快速拉升。在此期间，下方的成交量都呈逐渐放大的状态，尤其是在拉升开始时，量能的放大非常明显。

此时的量价关系为量增价涨的状态，代表了目前市场趋势的持续和稳定，向投资者传递了买入的信号。

11 月底，鑫科材料的这一波拉升见顶，成交量也在同一时间达到阶段顶峰，并在后续随着股价的回落而缩减。量增价涨的量价关系暂时被破坏，投资者在此时就可以趁机卖出，赚取一波短期收益。

在 2020 年 12 月到 2021 年 2 月中旬期间，股价在震荡中横向运行，并有缓慢下滑的趋势，成交量也愈加萎缩。2 月中旬，股价终于止跌回升，成交量快速放大，推动股价上扬，增速较快。

此时的量价再次恢复了量增价涨的关系，市场趋势回到上涨轨道之中。投资者在此位置就可以积极入场做多，在后续阶段见顶后卖出，短期收益也是比较可观的。

## 4.2.2　量平价涨选股法

量平价涨指的是在成交量变化很小，几乎保持在同一水平线上的同时，股价却在上涨的一种背离关系。

这样的量价关系具有一个特性，那就是股价如果处于长期的下跌走势，盘中经过一段长时间的沉淀，底部只要出现稍微放大的量能，就可以让走势出现止跌反弹。

这是因为许多套牢的筹码早已割肉离场，或是部分被套牢的投资者有长期持股的心理准备，所以股价从底部反弹的过程并不需要太大的量能。但如果后期量能依旧平缓，没有持续放大，那么这一段上涨只能维持很短的时间。

下面就来分析具体的案例。

**实例分析**
### 贵绳股份（600992）量平价涨选股解析

如图 4-7 所示是贵绳股份 2020 年 12 月到 2021 年 6 月的 K 线图。

图中展示的是贵绳股份的上涨初期，该股在 2021 年 2 月之前的下跌行情持续了非常长的时间，这也使其成交量表现得比较低迷，很少有集中出现的长时间大量能。

2 月中上旬，股价创出 5.28 元的新低，长期下跌的行情终于在此见底。

紧接着，股价未经过整理便开始回升，并且刚开始的拉升速度较快。但观察下方的成交量可以发现，在此期间的成交量并未出现明显放大。

在快速拉升稍缓后，股价在后续的两个月时间内都在缓慢上涨，但成交量始终没有跟随出现大的放量，量价之间出现了量平价涨的背离。这表明该位置多空力量比较平衡，但多方始终占据了一定优势，推动股价缓慢上涨。

5月初，成交量突然出现了数十倍的放大，并且推动股价飙涨出一个涨停板。而在后续的6月，该股也有更大量能放出，对应的股价呈急速上涨趋势，那么前期量平价涨的状态就可以视作一个新趋势的开端。

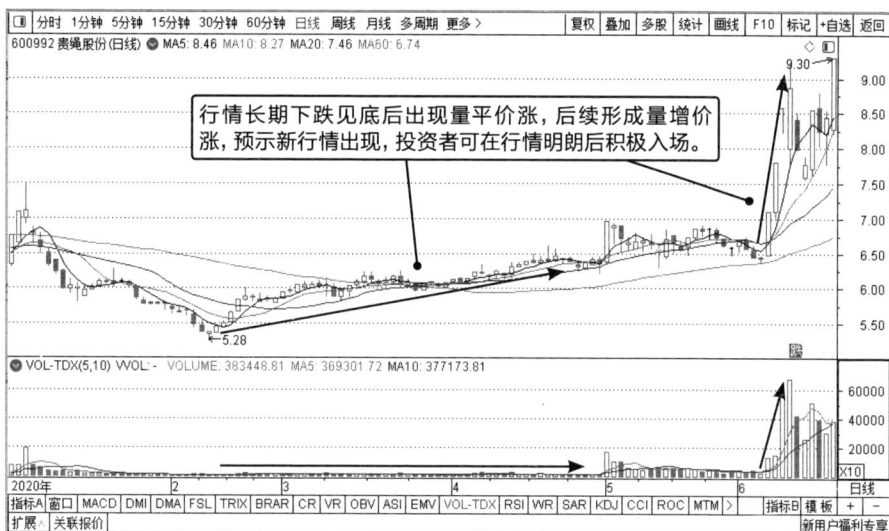

图 4-7　贵绳股份 2020 年 12 月到 2021 年 6 月的 K 线图

投资者在实际操作中遇到量平价涨的背离时，可以先观望一段时间，看后续是否有量能放大的配合，当形势明朗后再入场也不迟。

### 4.2.3　量缩价涨选股法

量缩价涨指的是在成交量持续缩减的同时，股价趋势却在向上运行的量价关系，这样的状态也是一种背离。

当量缩价涨的形态出现在上涨途中时，说明主力控盘能力较强，大量的流动筹码被主力锁定，个股后期继续上涨的概率较大，投资者可依据这种形态选择介入点。

而当量缩价涨的形态出现在股价高位时，接着又出现了成交量放大的情况，则说明可能是主力在借高出货，多方力量衰竭，上涨动力不足，是后市可能会发生反转的信号，此时投资者就要斟酌着减仓或平仓了。

下面就来分析具体的案例。

**实例分析**

## 双环传动（002472）量缩价涨选股解析

如图 4-8 所示是双环传动 2020 年 8 月到 2021 年 4 月的 K 线图。

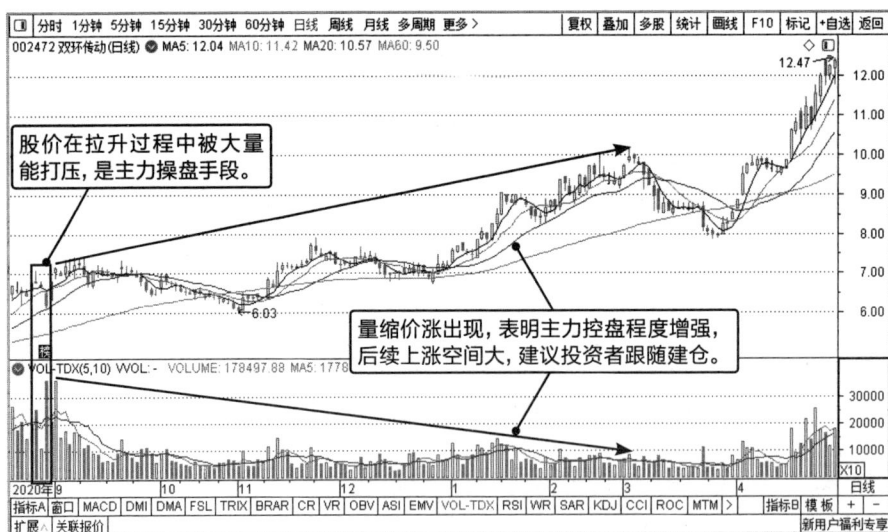

图 4-8　双环传动 2020 年 8 月到 2021 年 4 月的 K 线图

图中展示的是双环传动的上涨途中，可以看到，该股在这一阶段的上涨中虽有震荡和回调，但整体是朝着上方攀升的。

双环传动经历了一波拉升后在 2020 年 9 月初到 10 月底回落，近两个月的时间里都在缓慢下滑，成交量也呈现出自然的缩减状态。

11 月初，股价回落见底后上升，一路从 6.00 元左右上涨至 8.00 元的价位线附近。但此时的成交量仅在刚开始拉升时量能放大，在随后的持续上涨中却有所减小，量缩价涨的背离状态初显。

12 月底，股价再次进行了拉升，此次拉升涨速更快，幅度更大，股价迅速攀升至 9.00 元，并在整理数天后重整旗鼓，一举突破了 10.00 元。此时观察下方成交量会发现，在这一次更为迅猛的拉升中，其量能仅放大到与上一次相当的地步，并且又一次出现了后续上涨无量支撑的情况。

整体来看，从 2020 年 9 月初到 2021 年 3 月初，股价从 7.00 元附近上涨至 10.00 元上方。而成交量却在 9 月初达到阶段顶峰，后续不断在缩减，二者呈量缩价涨的背离关系。

在上涨途中出现这种形态，是主力高度控盘的表现。投资者只要仔细观察 8 月底的成交量便可以发现，在股价拉升的后期，突然有巨量成交量出现对价格进行了打压，导致其快速下跌，拉升暂缓。

这明显是主力边打压边吸筹的操作，抑制股价涨速，防止其过快进入高成本区域。而后续的量缩价涨就是主力控盘程度增强，仅需少量量能就能拉动股价上涨导致的，该股在后市很大可能会出现强力拉涨，投资者在此时要果断跟随主力建仓，扩大获益空间。

# 4.3　借助箱体理论选股

箱体理论是尼古拉斯·达瓦斯在美国证券市场实践投资中，对自己的买卖方法加以总结创造的一种理论。箱体理论是建立在趋势发展方向之上的，从而验证趋势规律的理论。

箱体理论具体是指股票在运行过程中，形成了一定的价格区域，即股价是在一定的范围内波动，这样就形成一个股价运行的箱体。

箱体理论将股价行情连续起伏用方框的形式一段一段分开来，也就是说，该理论将上升行情或下跌行情分成若干小行情，再研究这些小行情的高点和低点。

当股价滑落到箱体的底部时，会受到买盘的支撑；当股价上升到箱体的顶部时，会受到卖盘的压力。一旦股价有效突破原箱体的顶部或底部，股价就会进入一个新的箱体里运行，原箱体的顶部或底部将成为重要的支撑位和压力位。

利用箱体理论选股的核心在于，股价收盘价有效突破箱顶，就意味着原先的强阻力变成了强支撑，而股价大概率会向上进入上升周期。大多数对箱体的向上突破，都常见于上升行情和盘整行情之中。

## 4.3.1　在上升行情中选股

在上升行情中，箱体理论就是将股票的阶段高点做顶，阶段低点做底，在一个涨跌的周期里划分成一个个方形的箱。

在一个箱体中，当价格实现了对箱顶的有效突破，并且在后续进行回踩试探确认了支撑后，这就是一个好的买入点；而当价格运行到了另外一个箱体的顶部时，就是卖出的时机。

当然，在上涨行情中产生的箱体数量是比较难把控的，谁也不知道下一个箱体是否会向下突破箱底，使得行情产生逆转。所以投资者在决策买卖点时一定要果断，并且注意设置止盈点和止损点，防止在高位被套，盈利不成反而亏损。

下面就来分析具体的案例。

**实例分析**
**绿盟科技（300369）上升行情中利用箱体理论选股解析**

如图 4-9 所示是绿盟科技 2018 年 10 月到 2020 年 2 月的 K 线图。

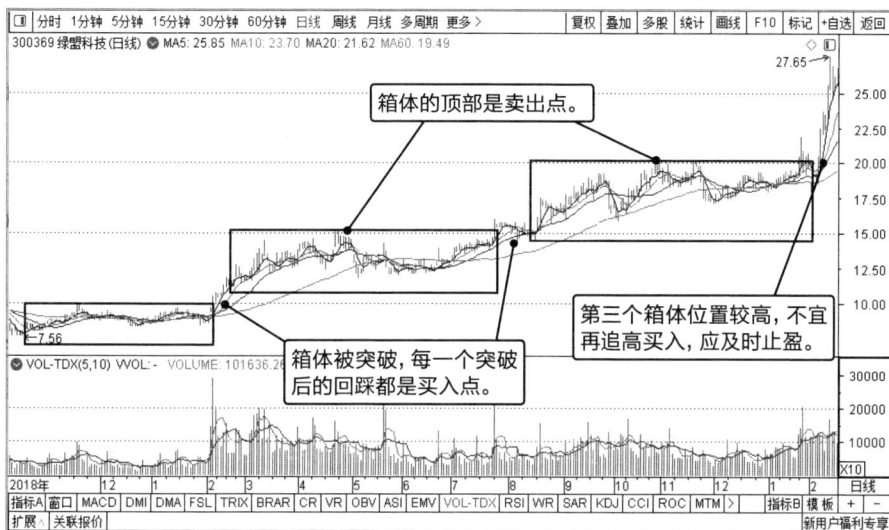

图4-9　绿盟科技 2018 年 10 月到 2020 年 2 月的 K 线图

图中展示的是绿盟科技的上涨阶段，可以看到，该股的这一段走势已经被划分为了 3 个箱体，每一个箱体都是一个小的涨跌周期。

2018 年 10 月中下旬，绿盟科技上一段下跌行情创出 7.56 元的新低，并在此见底，随后价格便开始回升，进入上涨行情的第一个箱体。11 月底，股价上涨至 10.00 元的价位线附近时受到压制回落，在后续的两个月内进行了整理和再次的上攻，但仍未实现有效突破。

2019 年 2 月初，成交量突放巨量，强大的推涨力带动股价成功突破箱顶的压制，并在随后数天内进行了一次小幅回踩。在确认下方支撑力后，该股便进入到下一个箱体的运行，此时就是一个很好的买入点。

在 2019 年 2 月到 4 月期间，股价运行到了 15.00 元的价位线附近，并受到压制出现回落。此时的 15.00 元即第二个箱体的顶部，是投资者的卖出时机。

6 月中下旬，该股回调基本结束，集结力量再次上攻。7 月底，在成交量巨量的帮助下，该股成功突破箱顶，后续的回踩不破也显示此次突破有效，投资者可再次建仓。

9 月初，股价走势进入第三个箱体，价格在一路攀升中到达了 20.00 元的价位线附近，随后便有些微回落，进入了横向盘整之中。20.00 元即为第三个箱体的顶部，再次释放了卖出的信号。

2020 年 1 月底，成交量再放巨量，推动股价迅速突破到 20.00 元上方，并在回踩后确认了支撑力，第三个箱体的运行结束，下一个箱体即将到来。截至 2020 年 2 月，股价已经达到了 27.65 元的位置。

在经历了 3 个涨跌周期后，这样的位置已经算得上行情高位了，投资者在前期赚取的收益已经比较可观，在这里就应该注意及时止盈，就算会错过可能的拉升，比起被套牢的风险，这样的损失也不大。

## 4.3.2　在盘整行情中选股

盘整行情亦称整理行情，是股价经历了一段时间的急速上涨或下跌之后，遇到了阻力线或支撑线，因而股价波动幅度开始变小的现象。

在盘整阶段，空方和多方将会相互竞争，使价位交错变动，甚至不断震荡。而这些震荡的高处为顶，低处为底，就形成了盘整箱体。

一段时间的盘整结束后，箱体所处位置以及后期出现的多空信号，会对后续的价格运行方向产生不同的预示作用。一般来说，出现在上涨过程中和股价低位的盘整箱体，后续的发展方向大概率会继续向上。

### （1）上涨行情中的盘整箱体

出现在上涨过程中的盘整箱体，是股价经过一段时间急速的上涨后的整理阶段，最终会再次上行。

到了盘整阶段，虽有前期积压的获利回吐盘大量抛出，但市场中的买方力量依旧旺盛，足以消化掉大部分卖盘，并在盘整后期以压倒性的优势推动股价再次上涨。

在这样的阶段中，盘整箱体一般以楔形、旗形和三角形等整理形态出现，其中三角形整理形态比较常见。

在上升行情中，三角形整理形态也包括等腰三角形形态和直角三角形形态两种。如图 4-10 所示是两种三角形形态。

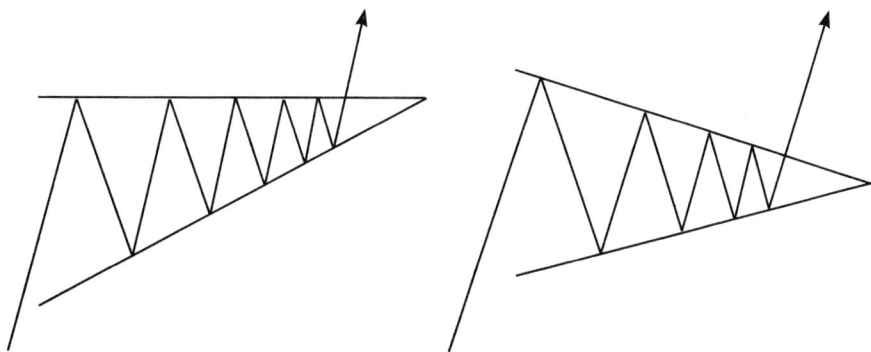

**图 4-10　等腰三角形形态（左）和直角三角形形态（右）**

等腰三角形形态是市场在经过一波上涨后，在某一条价位线遇阻回落，随后在另一条价位线得到支撑。但随着时间的推移，得到支撑的低点越来越高，而受到压制的高点则越来越低，呈现高频震荡的趋势。将这些高点和高点、低点和低点连接起来，就形成了一个等腰三角形。

而直角三角形则是上涨的波峰会触到一条接近水平的压制线，但回落的波谷会逐渐抬升，形成斜线向上。如果将这些波峰、波谷相连，就构成了一个向上倾斜的直角三角形。

这两种盘整箱体出现在上涨趋势中，经过后期的整理，股价依旧会向上突破，是一种买入信号。同时投资者也要注意，当股价突破上下两条边线时，如果成交量并没有放大配合，那么市场后期容易出现反复，视为无效突破，意义不大。

下面就来分析具体的案例。

**实例分析**
**美好置业（000667）上涨行情利用盘整箱体选股解析**

如图 4-11 所示是美好置业 2020 年 2 月到 7 月的 K 线图。

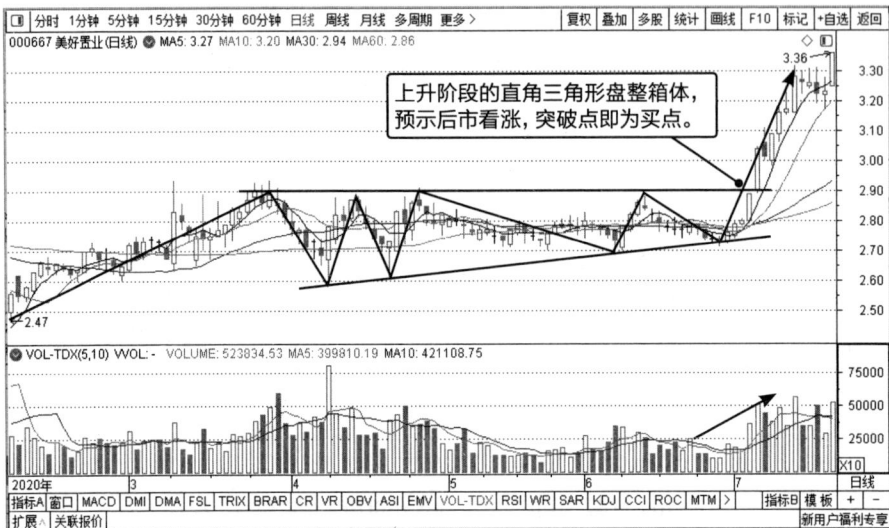

图 4-11　美好置业 2020 年 2 月到 7 月的 K 线图

图中展示的是美好置业的上涨阶段，可以看到，该股在 2 月期间正在逐步上涨，涨速较慢但比较稳定。

3 月中旬，成交量有大量能逐步放出，推动股价快速上涨，但很快便在 2.90 元的价位线附近受阻回落，又在 2.60 元附近止跌回升，股价开始在震荡中构筑直角三角形。

在 4 月到 6 月期间，股价在 2.90 元的价位线下方不断震荡，2.90 元对股价形成了强大的压制，导致其数次突破不成或是无效，高点连线形成了一条水平上边线，也就是盘整箱体的箱顶。

而股价的低位却在震荡中不断上扬，连接起来则形成斜向上方的下边线，其中的最低点则是盘整箱体的箱底。

6 月底，股价在成交量的阶梯式放量支撑下开始向上攀升，并在 7 月初成功突破了直角三角形形态的上边线，也突破了盘整箱体的箱顶。

由于股价涨势极快，在后续并未出现明显回踩，这说明下方的支撑力充足，此次突破为有效突破。市场中的多方力量强劲，股价很快将回到上涨轨道之中，后市看好。

激进的投资者在观察到盘整箱体被突破时，就可以大胆入场，进行建仓试探；而谨慎的投资者可以继续观察，待到上涨行情彻底明朗后，再分批建仓入场，以确保成功率。

### （2）股价低位的盘整箱体

股价低位的盘整是股价经过一段时间的下跌后，股价止跌横盘或稍有回升，形成盘整箱体。此时市场资金并未完全撤离，只要股价不再下跌，就会纷纷进场，由空转多。

主力在低位盘整中也在不断吸纳廉价筹码，浮动筹码日益减少，上升压力减轻，多方在此区域蓄势待发。当有利好消息出现或是主力开始拉升，股价就会向上突破。此种盘整箱体一般会以矩形形态出现。

如图 4-12 所示是矩形形态图解。

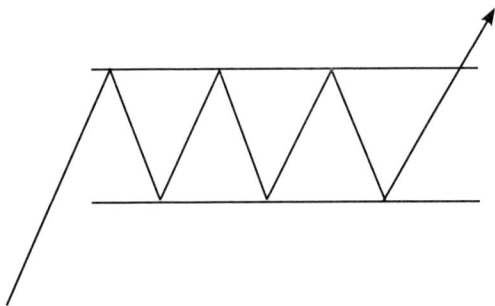

**图 4-12　矩形形态图解**

矩形形态是一种冲突均衡的整理形态，显示多空双方虽然对抗激烈，但由于双方实力相当，所以基本在这一范围内达到了均衡状态。

后市看多的投资者会在股价回落到某个低点时入场，因而在下方形成了一条水平的支撑线；后市看空的投资者会在股价上升到某个高点时抛盘，因而在上方形成了一条水平的压力线。

通常情况下，矩形整理的成交量会在股价上涨时有所放大，在股价下跌时会有所缩减。但其并没有标准的形态，并不是每个矩形形态的成交量都会与股价相对应，有时会呈现不规则的起伏。而在矩形整理末期，成交量的急剧放大会对突破的时机有预示作用。

下面就来分析具体的案例。

**实例分析**
**百达精工（603331）股价低位利用盘整箱体选股解析**

如图4-13所示是百达精工2021年1月到8月的K线图。

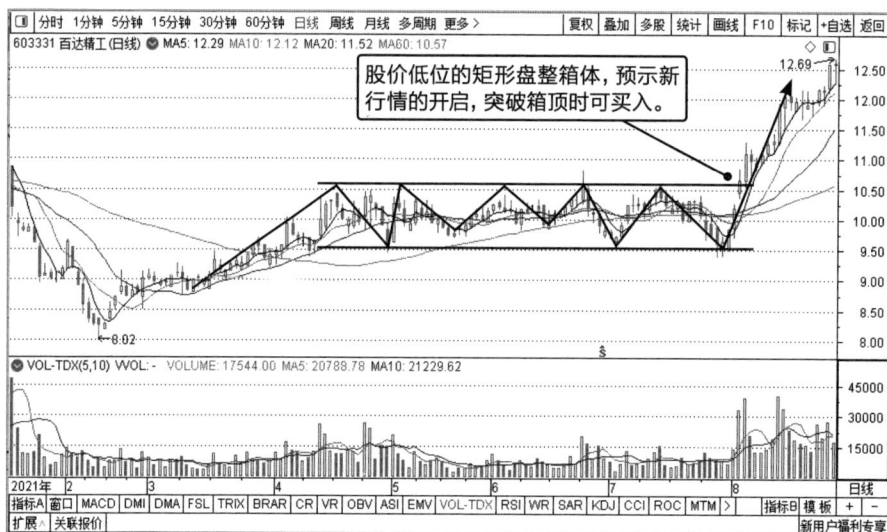

图中的矩形盘整箱体，预示新行情的开启，突破箱顶时可买入。

图4-13 百达精工2021年1月到8月的K线图

图中展示的是百达精工的股价低位，该股在前期的下跌阶段持续了较长时间，最终在2月中上旬到达8.02元的位置，至此见底。

见底后股价迅速回升，并于4月中上旬上冲到10.50元的价位线附近受阻回落，开始在震荡中构筑矩形整理形态。

股价下降的波谷在触到9.50元左右的价位线时便受支撑反弹，波峰在触及10.50元左右的位置时又被压回。

在反复震荡的过程中，股价多次上下触碰到这两条价位线却不突破，连接高点与高点、低点与低点，就形成了一个水平的通道，也就是矩形的盘整箱体。

随着股价的震荡，成交量也在有规律地上下浮动，反弹时放量，回落时缩量，虽然幅度较小，但与股价都呈对应状态。

8 月初，成交量开始放出巨量，推动股价强势向上突破了盘整箱体的箱顶压制，并很快进行了小幅回踩，对支撑力进行确认。随后便以极快的速度再次攀升，一路收阳上涨。

由此可见，在股价见底反转后的低位出现的矩形盘整箱体，很大概率意味着新行情的出现。上涨行情虽然在整理阶段中还难以清晰判断，但投资者此时就要对该股保持重点关注，一旦出现突破，便意味着拉升的到来。

而成交量的大量放出，就是矩形的盘整箱体被突破的信号，当后续股价回踩不破时，就是投资者的绝佳入场时机。

# 4.4　借助波浪理论选股

波浪理论是美国证券分析家拉尔夫·纳尔逊·艾略特（R.N.Elliott）利用道琼斯工业平均指数作为研究工具而创建的一种理论。在整个股市研究历史上，艾略特波浪理论都是最重要的技术分析理论之一。

艾略特的波浪理论认为，不管是多头市场还是空头市场，每个完整循环都会有几个波段，并且时间的长短不会改变波浪的形态，因为市场仍会依照其基本形态发展，波浪可以拉长，也可以缩短，但其基本形态永恒不变。

波浪理论的核心是将市场的一个涨跌周期循环分为 8 个波段，前 5 个波段属于上升，后 3 个波段属于下跌。因此，波浪理论也常常被称为八浪循环。

如图 4-14 所示是波浪理论的八浪基本形态。

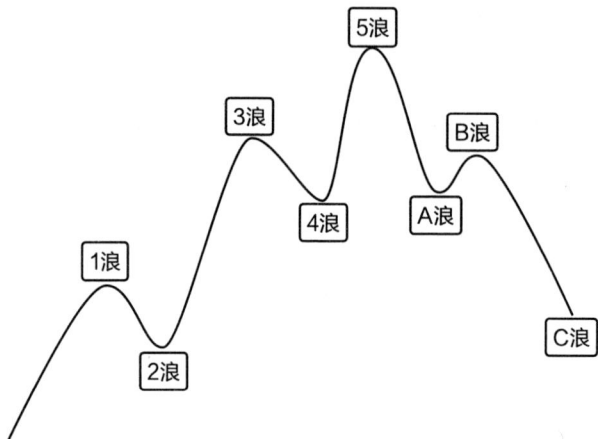

图 4-14　波浪理论的八浪基本形态

在上涨周期中的 5 个波段中，第 1、3、5 浪是上升的，第 2、4 浪是下跌的，其中第 3 浪不可以是最短的一个浪。下跌周期则由 3 浪构成，用 A、B、C 表示，其中 A、C 浪属于下跌，B 浪属于上升。

波浪理论中，与主趋势方向（即所在周期指明的大方向）相同的波浪，常被称为推动浪；与主要运动方向相反的波浪，则被称为调整浪。

也就是说，在上升周期中，因为主趋势向上，那么第 1、3、5 浪为推动浪，第 2、4 浪为调整浪，是对上涨的调整；在下降周期中，因为股价运行主趋势向下，那么 A、C 浪为推动浪，B 浪为调整浪，是对下跌的调整，即股价的反弹。

在波浪理论中也存在浪中浪，即大浪有中浪，中浪有小浪，小浪还有超小浪，许多小浪共同组成几个波段大浪。

由此可以看出，波浪理论的研究周期可能短至几月，也可能长至几年。一个超级大浪的形成可能就需要半年到一年的时间，当八浪完成一个完整的循环，可能需要数年时间。

因此，波浪理论常用于判断市场趋势，或是为长期投资者所用。但形成时间较短的八浪循环，也能够为短中期投资者提供决策依据。但对于精准的买卖点，有时候也需要投资者结合实际以及其他因素，如基本面数据、技术面形态等进行决策。

### 4.4.1　第 3 浪选股法

第 3 浪的涨势往往是八浪中最大、最有爆发力的上升浪，这段行情持续的时间与幅度经常是最长的。

在第 3 浪上攻时，市场投资者信心恢复，成交量大幅上升，常出现传统形态中的突破信号，例如裂口跳升、蛟龙出海和旱地拔葱等。

这段行情走势非常激烈，一些图形上的关卡会非常轻易地被穿破，尤其在突破第 1 浪的高点时，是最强烈的买进信号。并且由于第 3 浪涨势激烈，经常出现"延长波浪"的现象。

波浪理论采用黄金分割率来计算股市的升幅和跌幅，一个上升浪可以是上一次高点的 1.618 倍，另一个高点又再乘以 1.618，以此类推。

通常情况下，第 3 浪的运行幅度至少是浪 1 的 1.618 倍，尽管第 3 浪非常强势，但其持续的时间也可能不会太长。

当然，黄金分割率的计算方式只是一种理论用法，仅为投资者提供参考数据，并不代表实际中的股价会按照这样的比例涨跌。投资者在使用时依旧需要慎重和理智，必要时可选择结合其他因素综合判断。

下面就来分析具体的案例。

**实例分析**
**省广集团（002400）波浪理论第 3 浪选股解析**

如图 4-15 所示是省广集团 2020 年 3 月到 7 月的 K 线图。

图中展示的是省广集团的上涨阶段，可以看到，该股的这一段涨势拥有数个分隔明显的波段。依据波浪理论及其浪中浪的概念，可以大致将这一段走势分为上涨周期的 5 浪。

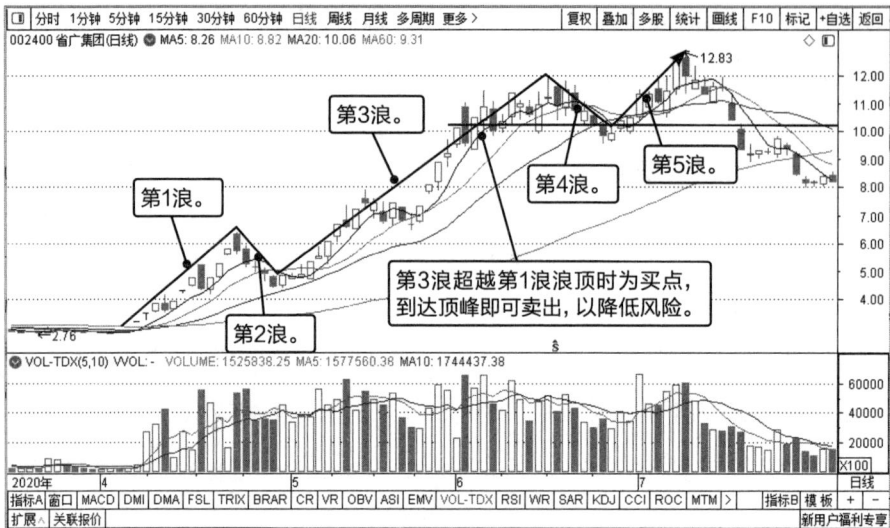

图 4-15　省广集团 2020 年 3 月到 7 月的 K 线图

第 1 浪是 4 月初到 4 月中下旬的这一段上涨，属于营造底部形态的第一部分，也是八浪循环的开始。由于这段行情出现在跌势或底部盘整之后，初始的买方力量并不强大，加上空头继续存在卖压，因此第 1 浪的持续时间相较于整段周期来说并不长，并且回档的幅度较深。

可以看到，在 4 月中下旬的第 1 浪到顶之后，该股开始了第 2 浪的回档，其回档幅度较整段涨势来说也较深。此时的浪顶位置为 6.38 元，而回档底部为 4.40 元。

很快，4 月底开始了第 3 浪的拉升，依据波浪理论的黄金分割率计算法，第 3 浪的顶至少会达到第 1 浪的 1.618 倍，即 10.32 元（6.38×1.618）左右。

5 月中旬，股价的上涨暂缓，并出现了小幅度的回落。其回落位置与第 1 浪的浪顶相当，还远未达到第 3 浪应有的高度，那么此时的回落就是投资者的绝佳买点。

很快回落结束，第 3 浪依旧上行。股价在 6 月初超过了预计的浪顶，即 10.32 元后，其涨速减缓，但依旧保持着上扬的角度，最终在 6 月中旬达到了 12.00 元的位置，第 3 浪见顶结束。从 4.40 元上涨至 12.00 元，第 3 浪的涨幅达到了近 173%。

第 3 浪结束后，投资者其实就可以卖出了。此时的收益已经算是比较令人满意的，再加上第 3 浪往往是八浪中最长的一浪，再继续追高持有，收益并不会增加多少，还会面临随时跌落的风险。

从后续的发展可以看到，该股的第 4 浪和第 5 浪持续时间都比较短，并且顶部也就达到了 12.83 元。相较于第 3 浪的顶部，增幅也不算多，所以投资者在第 3 浪顶部卖出是比较合适的。

## 4.4.2　C 浪选股法

C 浪往往是八浪中下跌最猛烈的一浪，由于 B 浪的完成，许多投资者感受到了下跌行情的开始，看涨希望彻底破灭。所以，在 C 浪阶段，整个市场情绪低迷，价格开始全面下跌。

从性质上看，虽然 C 浪中也会包含更多次一级的反弹波浪，但其整体依旧处于下跌中，破坏力较强，在此期间投资者不宜再介入。

但由于 C 浪是八浪循环中的最后一浪，根据黄金分割率，C 浪的跌幅理论上为 A 浪跌幅的 1.618 倍，投资者可以据此判断 C 浪的大致止跌位。当 C 浪越过该位置时，投资者就可以准备好，在行情反转后建仓入场。

下面就来分析具体的案例。

---

**实例分析**
**翠微股份（603123）波浪理论 C 浪选股解析**

如图 4-16 所示是翠微股份 2020 年 7 月到 2021 年 5 月的 K 线图。

图中展示的是翠微股份的下跌阶段，可以看到，2020 年 8 月初，该股从 12.98 元顶峰开始下滑。这第一波跌势就是 A 浪，并且 A 浪底部为 9.70 元，整段跌幅为 25% 左右。

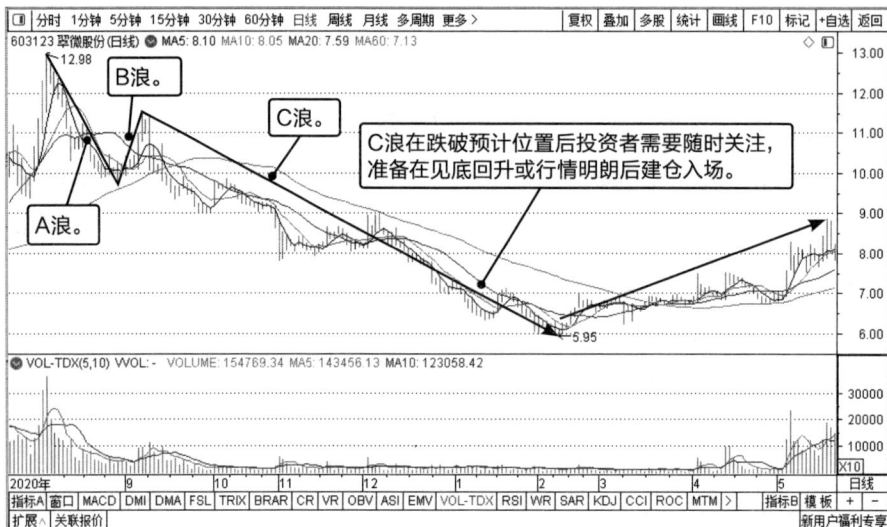

图4-16 翠微股份2020年7月到2021年5月的K线图

很快，8月底到9月初股价反弹，出现了调整浪B浪，但其持续时间较短，很快便进入了再次的下跌，此时为C浪的起始，价格为11.50元。依据理论，C浪终结的位置为：11.50-（12.98-9.70）×1.618=6.19（元）。

从后续的发展可以看出，在2021年2月1日，股价就跌破了6.19元，此时投资者就要对该股给予高度的关注，在行情的低位，股价随时有反转的可能。

果然，2月8日，股价在创出5.95元的新低后终于见底，开始回升。此时激进的投资者就可以抓住机会，小幅建仓试探；而谨慎的投资者则可以待到4月初或5月初时，成交量与股价量价齐升、新行情明确后再入场。

# 第5章

# 观K线形态：抓住机会果断买

K线图是投资者对股票进行走势研判的有效工具，也是技术分析的重点研究对象。无论是研判趋势还是选择买卖点，都离不开对K线形态的判断。因此，K线形态也成为投资者选股的利器，是学习重点之一。

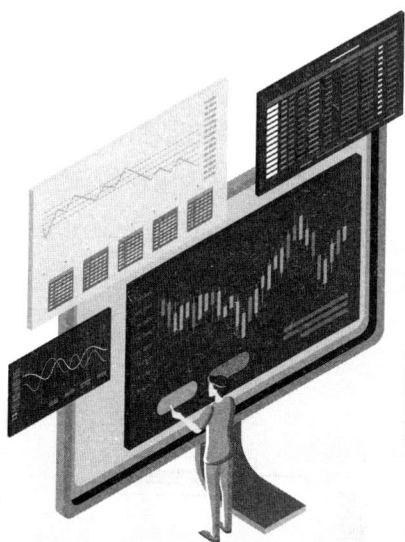

- 利用缺口形态选股
- 常见底部形态选股
- 经典反转形态选股

# 5.1 利用缺口形态选股

缺口是指股价在快速大幅变动中有一段价格没有任何交易，显示在股价趋势图上是一个真空区域，这个区域称为"缺口"，通常又称为跳空。

简单来说，就是指由于受到利好或者利空消息的影响，股价大幅上涨或者大幅下跌，导致日 K 线图出现当日最低价超过前一交易日最高价，或者当日最高价低于前一交易日最低价的现象。

当股价出现缺口，经过几天甚至更长时间的变动，然后反转过来回到原来缺口的价位时，称为缺口的回补。无论何种缺口，在股价持续运行期间都会出现回补，只是回补的时间长短不同。

缺口分为普通缺口、突破缺口、持续性缺口与消耗性缺口 4 种。从缺口发生的部位大小，可以预测走势的强弱，确定是突破还是已到趋势的尽头。它是研判各种形态时非常有力的辅助形态之一。

## 5.1.1 从普通缺口选股

普通缺口常发生在股票交易量很小的市场情况下，或者是在股价做横向盘整运动的中间阶段。在这种股价变化不大的成交密集区域内出现的普通缺口，是最为常见的缺口形态，也被称为跳空缺口。

如图 5-1 所示是普通缺口的示意图。

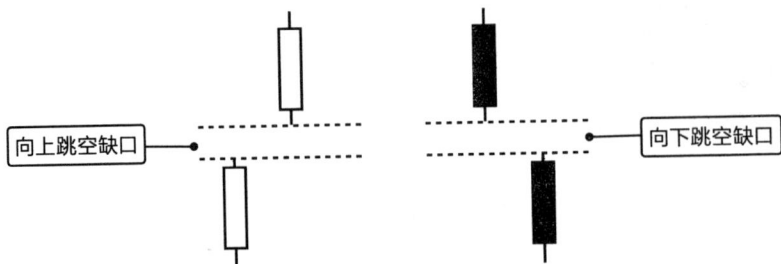

图 5-1 普通缺口的示意图

一般来说普通缺口不大，通常发生在耗时较长的整理形态或者反转形态中，并且出现后很快就会在几天内填上。其原因往往是市场交易清淡，相对较小的成交量便足以导致价格跳空。

普通缺口由于回补时间短，且仅在某一价格区域内运行，并无大的方向性，因此可用来做短线赚取差价。当股价跳空高开时抛出股票，回调补缺口时买进股票以降低成本；当股价跳空低开则果断吸纳，一旦向上回补缺口再卖出，赚取缺口差价。

下面就来分析具体的案例。

**实例分析**

### 广汇能源（600256）普通缺口选股解析

如图 5-2 所示是广汇能源 2020 年 7 月到 12 月的 K 线图。

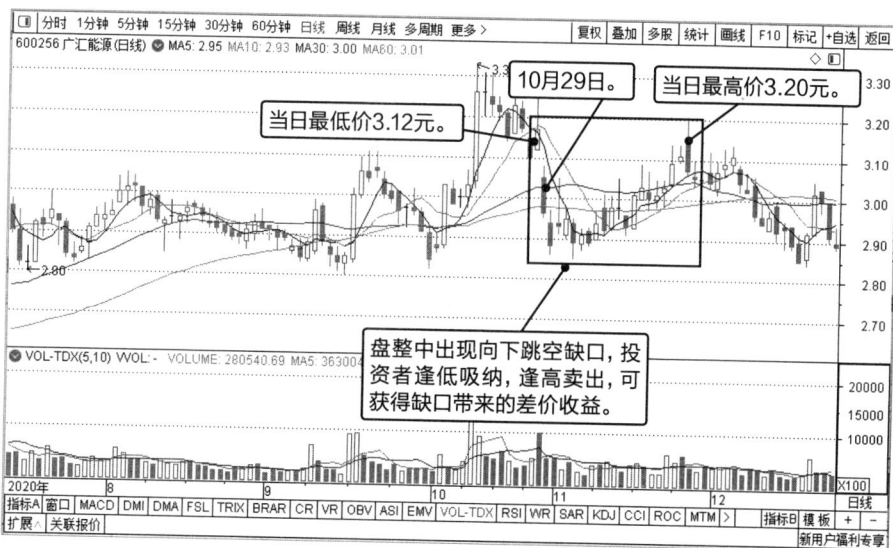

图 5-2 广汇能源 2020 年 7 月到 12 月的 K 线图

图中展示的是广汇能源的震荡阶段，可以看到，在 7 月到 9 月中旬期间，该股在 2.80 元到 3.00 元的价格区间内盘整。从 9 月中旬开始，股价在成交量的小幅放量支撑下震荡上涨，但很快在 10 月中上旬受阻回落。

股价在回落的过程中跌速较快，并于 10 月 29 日这一天出现了一根跳空低开的大阴线。这根跳空的大阴线直接将股价下拉了 6.62%，股价走势顿时在此出现了一个大缺口。

这种跳空的大阴线造成的缺口，是属于比较常见的跳空缺口，一次跳空带来的跌幅会比较大，但后续很快就会被回补上。这就带给了短线投资者操作的机会，在缺口出现后就可以逢低吸纳了，成本在 2.90 元左右。

很快，股价对缺口的回补开始起作用，在缺口出现的数个交易日后，该股逐渐回升，在连续收阳的走势下，于 11 月中下旬运行到阶段最高点，即 3.20元。此处价格超过了第一个缺口出现之前的最低价 3.12 元，完成了对缺口的完全回补。

那么只要投资者在 3.20 元左右的位置卖出，就能够获得近 10% 的收益，也就是这个缺口所带来的差价。对于短短一个月的时间来说，这笔交易也是比较划算的。

## 5.1.2 从突破缺口选股

在成交密集的反转或整理形态完成之后，若股价突破阻力或跌破支撑时，出现大幅度上涨或下跌所形成的缺口，就被称为突破缺口。

如图 5-3 所示是突破缺口的示意图。

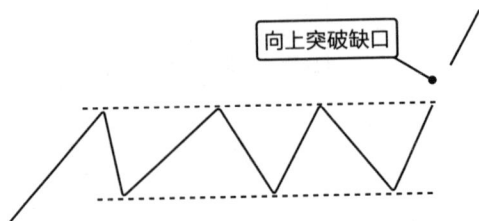

图 5-3 突破缺口的示意图

当股价以一个很大的缺口跳空远离整理形态时，这表示真正的突破已经形成了，因为无效的形态突破很少会产生大的缺口。同时，缺口能显示突破的强劲性，突破缺口越大，表示未来的变动越强烈。

根据突破缺口选股，是投资者抓住目标股未来上涨空间的重要手段。当股价离开盘整区域向上跳空突破，表明后势仍有可观的上升空间，投资者需要抓牢手中的筹码，甚至考虑在回踩位加仓。

下面就来分析具体的案例。

**实例分析**

### 海翔药业（002099）突破缺口选股解析

如图 5-4 所示是海翔药业 2018 年 10 月到 2019 年 2 月的 K 线图。

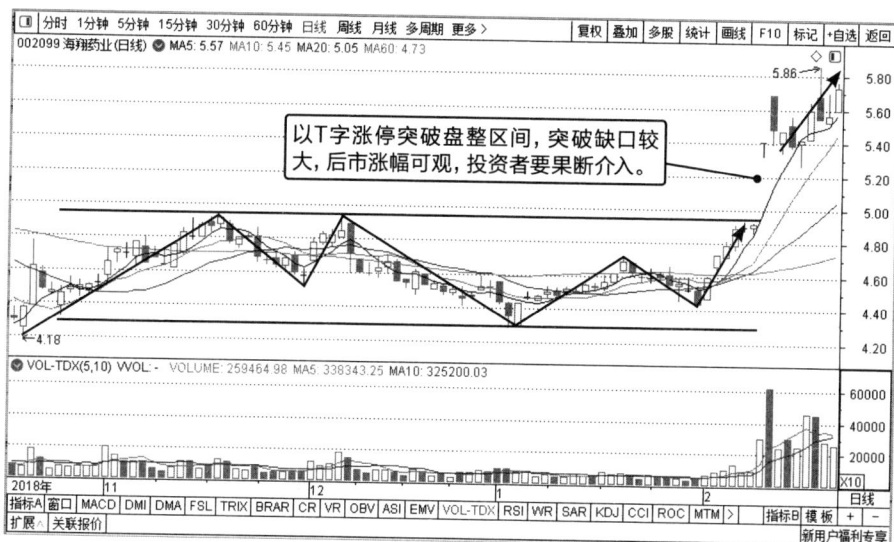

图 5-4　海翔药业 2018 年 10 月到 2019 年 2 月的 K 线图

图中展示的是海翔药业的上涨阶段，可以看到，该股在 2018 年 10 月到 2019 年 1 月期间，是处于横向盘整阶段的。股价被压制在 4.30 元到 5.00 元的价格区间内，长时间难以突破。

在此期间，该股的成交量表现比较萎靡，虽然在股价向上震荡的过程中有相应放量，但量能始终不大，自然难以支撑股价向上突破。在长时间的整理阶段中，市场情绪愈发冷淡，导致股价震荡幅度越来越小。

2019 年 2 月初，成交量在萎缩到极致后开始回升，量能逐渐放大的同时，推动着股价快速向上攀升，直到接触到盘整区间的压制线。

股价在 5.00 元的价位线下方停滞了两个交易日，但最终在一根大量能柱的强力推动下，成功向上突破了盘整区间，并且形成了一个较大的缺口。

要知道，一字涨停是突破缺口所能达到的最大缺口。而此次海翔药业的突破依靠的是一个"T"字涨停，虽然比一字涨停略差一筹，但其产生的缺口依旧属于较大的范畴，投资者需要果断加仓。

如图 5-5 所示是海翔药业 2018 年 11 月到 2019 年 4 月的 K 线图。

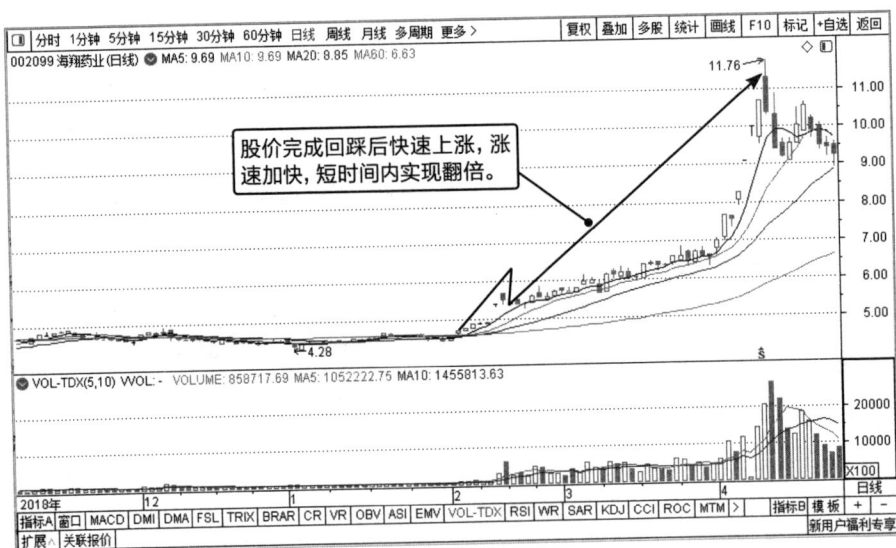

图 5-5　海翔药业 2018 年 11 月到 2019 年 4 月的 K 线图

从后市的发展可以看出，海翔药业在依靠 T 字涨停突破后，迅速进行了回踩，便再次进入了上涨轨道。从这么大的突破缺口就能够判断出，该股后续的拉升和上涨空间应该不会小。

而后续的涨势也证实了这一点，两个月的时间内，股价就上涨至 11.76 元，比缺口处翻了一倍还多，投资者收获颇丰。

### 5.1.3　从持续性缺口选股

持续性缺口也叫继续缺口，是指在股价上升或下跌形态确立后，远离前一个盘整形态保持上升或下降，直到下一个整理或反转形态出现的过程中所形成的缺口。

持续性缺口有时候会出现在突破缺口发生之后，这表明价格运行方向依然明显，多方推动热情高涨，导致价格再度跳跃前进，形成一个跳空缺口或一系列跳空缺口。

如图 5-6 所示是持续性缺口的示意图。

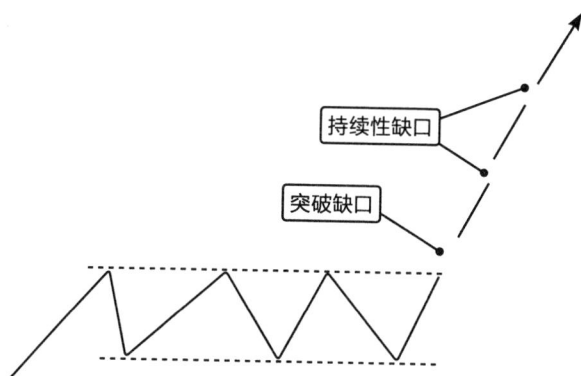

图 5-6　持续性缺口的示意图

持续性缺口有较强的分析意义，只要投资者能够分辨出来，便可以从中量度未来股价变动的幅度。这类缺口的出现，表示后市将会继续现有的趋势，而目标股未来的升幅或跌幅，将很可能达到该缺口与盘整突破口之间的距离。

下面就来分析具体的案例。

**实例分析**

**东华科技（002140）持续性缺口选股解析**

如图 5-7 所示是东华科技 2021 年 4 月到 8 月的 K 线图。

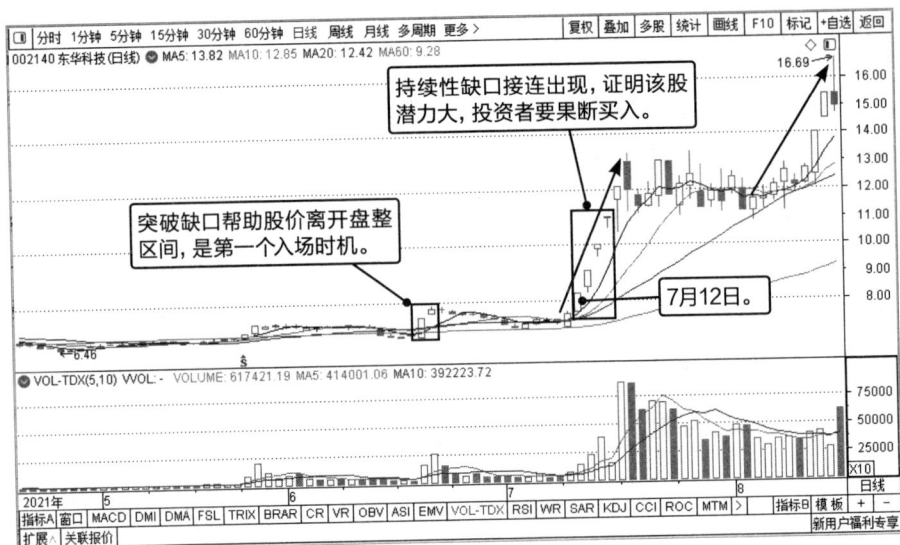

图5-7 东华科技2021年4月到8月的K线图

图中展示的是东华科技的上涨阶段，可以看到，该股在4月到6月中旬期间处于盘整中，股价被限制在一个很小的区间范围内波动。由于其持续时间较长，导致市场交投非常冷淡。

6月中下旬，成交量突然放出较大量能，推动股价出现了一根跳空高开的阳线，并成功突破了盘整区间，形成一个突破缺口。这个突破缺口并不大，但对未来的上涨走势依旧有预示作用。

很快，股价在突破后进行了回踩，幅度较深，但并未跌破上一个盘整区间的下边线，数天后便回到了上涨轨道中。坚实的支撑力表明此次突破有效，投资者可以大胆入场。

7月中上旬，成交量量能愈发加大，股价也在市场积极的做多力量推动下快速攀升，大阳线连续出现。7月12日，股价开盘便被大单成交量推到涨停板上，虽然接着涨停板被打开，但很快便再次封住，直至收盘，当日股价收出一根光头光脚的大阳线。

这根大阳线的最高价为8.27元，次日股价以8.49元跳空高开后快速被打到涨停板，在盘中短暂打开一次后便再次封住，直到收盘，当日K线与上一个交易日已经形成了跳空的缺口。而紧接着的两个交易日，股价都实现了连续的跳空高开，在这一段涨幅中形成了 3 个持续性缺口。

紧跟在突破缺口后的持续性缺口，再次证明了该股的上涨潜力，这一点从后市的拉升也可以证明。投资者无论是在最先出现的突破缺口入场，还是在行情大幅上涨的持续性缺口入场，都能够获得不错的收益。

## 5.1.4　从消耗性缺口选股

消耗性缺口是继突破缺口、持续性缺口后形成的一个缺口，只是跳空的空间和幅度要明显小于前两种形态。因其出现位置在顶部附近，因此消耗性缺口也叫竭尽缺口或衰竭缺口。

如图 5-8 所示是消耗性缺口的示意图。

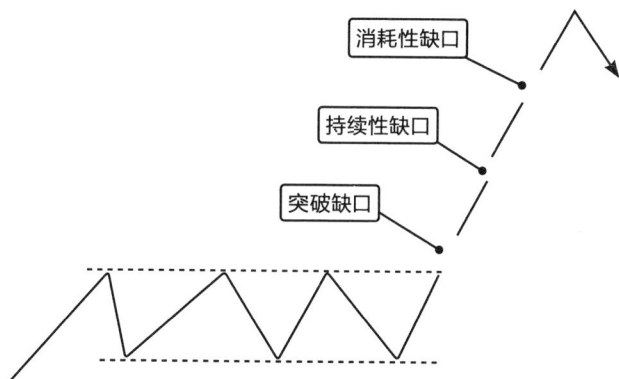

图 5-8　消耗性缺口的示意图

和持续性缺口一样，消耗性缺口是伴随快速、大幅的股价波幅而形成，但是大多出现在恐慌性抛售或上升行情的末段。这意味着这一轮行情的结束，股价即将进入整理或反转形态，消耗性缺口就是投资者最后赚取收益的机会。

但投资者一定要注意，在股价高位博短期收益，获得的涨幅确实可能非常巨大，不过所冒的风险也会变大。此时就一定要设置自己的止盈点，一旦达到预期收益就立刻收手，如果股价还未达到预期就开始下降，更要快速出货止损。

下面就来分析具体的案例。

**实例分析**

## 华自科技（300490）消耗性缺口选股解析

如图 5-9 所示是华自科技 2021 年 5 月到 9 月的 K 线图。

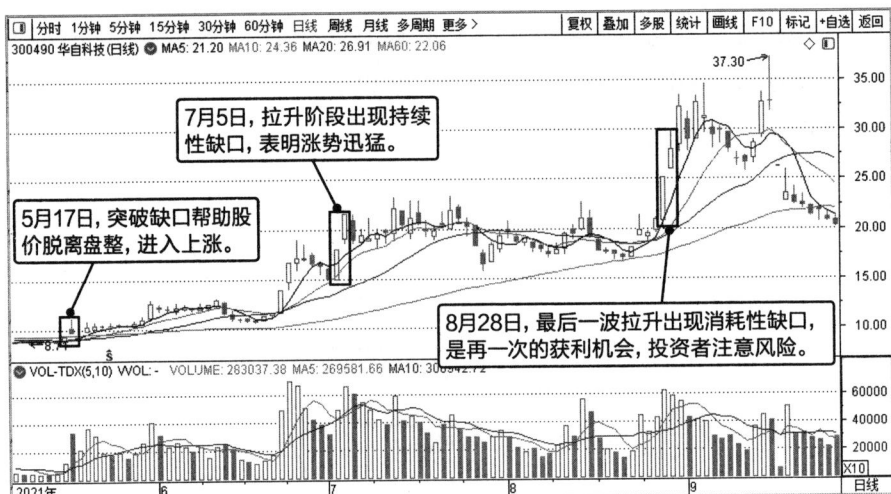

图 5-9　华自科技 2021 年 5 月到 9 月的 K 线图

图中展示的是华自科技完整的上涨阶段，可以看到，在 5 月中旬之前，股价的走势相对平缓，整体被压制在 10.00 元价位线的下方横向运行，在很长时间内都难以突破。

5 月 17 日，股价以一个高于前日最高价的价格开盘，在前几分钟迅速冲高后回落，最终以 4.30% 的涨幅收盘。当日以一根跳空高开的小阴线报收，股价也借此成功冲破了 10.00 元价位线的压制，开始缓慢爬升，离开盘整区域，跳空的间隙形成了一个突破缺口。

6 月底到 7 月初，成交量大量放出，股价出现了快速拉升，并在 7 月 5 日这天再次出现了一根跳空高开的大阳线。在快速上升的阶段出现跳空间隙，很明显是一个持续性缺口。

紧接着，股价在持续性缺口出现后又上涨了一段距离，但成交量的逐渐缩减导致其无力继续攀升，股价在回落之后进入了盘整。这段盘整持续了近一个半月的时间，终于在 8 月中下旬，股价开始再次上攻。

8 月 27 日，股价以低价开盘，在早盘中被压制在较低的位置横向运行。但午盘之后，成交量开始活跃，不断推涨股价快速攀升，最终在尾盘将其推到涨停板上封住，直至收盘。

当日股价收出一根大阳线，并在次日以更高的价格开盘，达到了 11.38% 的涨幅，再次出现了跳空的阳线，形成一个缺口。

此次出现的缺口形成在突破缺口和持续性缺口之后，并且比较接近行情的高位。从成交量来看，在几波拉升之后，该股的推涨力也已经有所衰竭，其量能都在逐渐下滑。

这表明多方的力量即将消耗殆尽，这一波拉升很有可能就是最后一波，那么这个缺口就可以视作一个消耗性缺口，出现在高位的消耗性缺口是投资者最后的博弈机会。

从后续的发展中可以看出，在消耗性缺口出现后，股价依旧保持上升，但成交量却在不断下滑，进一步证明了顶部的即将到来。9 月中旬，股价创出了 37.30 元的新高后，立刻以一个一字跌停滑落，随后更是连续收阴下跌，速度极快，完成了对缺口的回补。

从消耗性缺口出现的 25.00 元左右到顶部的 35.00 元左右，行情最后上涨的一段涨幅有约 40%。这是从消耗性缺口入场的投资者所能获得的利润空间，只要投资者注意设置止盈点和止损点，其实收益也算比较不错的。

## 5.2　常见底部形态选股

在股价的下跌行情走到末尾时，K 线会在底部形成各种各样的形态，有些形态是一根单独的 K 线，而有些形态则是由数根 K 线组合形成。

这些特殊形态会对未来的走势有一定的预示作用，行情是否见底，上涨是否开始，都可以从这些形态中分析出来，对于投资者的选股有着非常大的帮助。

### 5.2.1 锤子线选股实战

锤子线是一根单独的 K 线，其实体很小，一般没有上影线（即使有也很短），而下影线很长。同时，锤子线也有阳线和阴线之分。

如图 5-10 所示是锤子线的示意图。

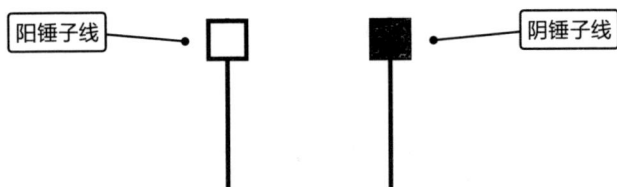

图 5-10 锤子线的示意图

而出现锤子线之前，股价需要经过一段时间的下跌，该形态才具有参考意义，并且下跌的时间越长、跌幅越大，在低位出现锤子线止跌的效果就越明显。

同时，锤子线的锤头实体越小、下影线越长，形态预示的见底含义也越明显。而且股价见底的时候，出现阳锤子线，可靠信号更强。

锤子线出现后，若下一根 K 线收为较长实体的阳线，而且其收盘价超过了锤子线的最高价，那么这可能预示着新一轮上涨行情的到来；若下一根 K 线收为较长实体的阴线，则市场可能维持下跌趋势。

但投资者实际操作时，如果在明显的下跌趋势中发现了锤子线见底信号，还是先以观望为妙，要介入也只建议轻仓试探，毕竟锤子线只由一根 K 线构成，容易出现欺骗信号，一旦判断失误，也可能会遭受损失。

在锤子线出现后，其后市有可能出现回升后的再次回踩。一旦回踩不破最低点，股价企稳，或是在后期出现明显的看多信号时，投资者就可以在低点位置加仓或入场。

下面就来分析具体的案例。

**实例分析**
## 信隆健康（002105）锤子线选股解析

如图 5-11 所示是信隆健康 2018 年 8 月到 11 月的 K 线图。

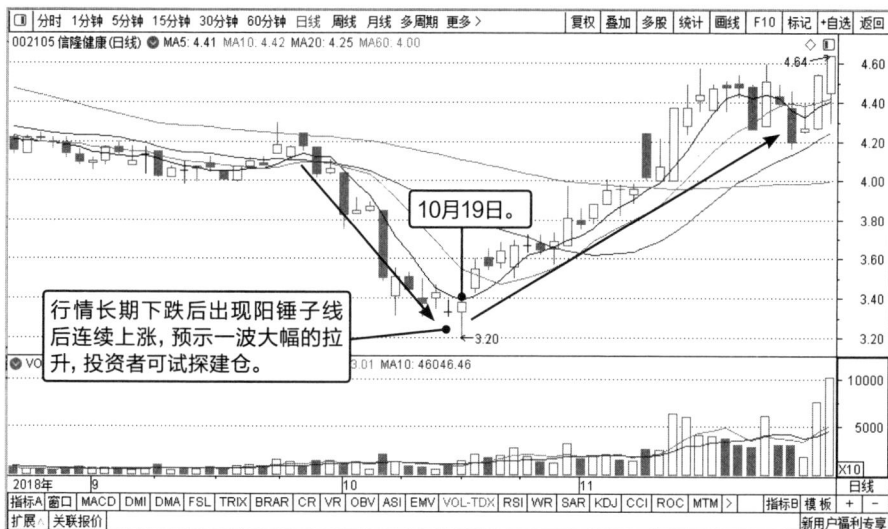

图 5-11　信隆健康 2018 年 8 月到 11 月的 K 线图

图中展示的是信隆健康的行情底部，可以看到，该股前期的下跌已经持续了很长时间，在接近行情底部时走势逐渐平缓，股价波动幅度较小。从成交量来看，该股市场明显已经在长时间下跌中失去信心，使得场内交投冷淡，气氛低迷。

9 月底，股价忽然开始快速下跌，连续出现的大阴线导致其跌速极快，跌势非常迅猛。短短数个交易日，股价便从 4.20 元附近下跌至 3.40 元左右，最终止跌横盘。

10月19日，股价以低价开盘，盘中一直保持较为剧烈的震荡。交易期间成交量买卖单交错，大量柱不断出现，股价在相对低位横向震荡。午盘过后，多方的力量最终获得了更多主动权，股价开始在震荡中攀升，最终在收盘时被推涨到1.50%的涨幅上。

从K线图中可以看到，当日股价便收出一根带长下影线的小阳线。该阳线的实体和上影线都较短，整体呈一把直立的锤子，正是阳锤子线。在长期下跌后出现的阳锤子线，无疑是一个见底信号。但接下来的走势是否会改变，还需要看第二根K线的走向。

第二个交易日的K线形态呈现为一根跳空高开的阳线，结合阳锤子线和放大的成交量来看，至少接下来会有一波幅度不小的上涨。此时激进的投资者可以进行试探性建仓，谨慎的投资者还需观望。

在随后的一个多月内，股价开始快速上涨，不断有大阳线出现。市场气氛回暖，成交量在渐渐恢复的看多情绪刺激下呈阶梯式放大，推动股价涨速飞快。新的走势已经明朗，谨慎的投资者也可以跟随入场了。

如图5-12所示是信隆健康2018年10月到2020年1月的K线图。

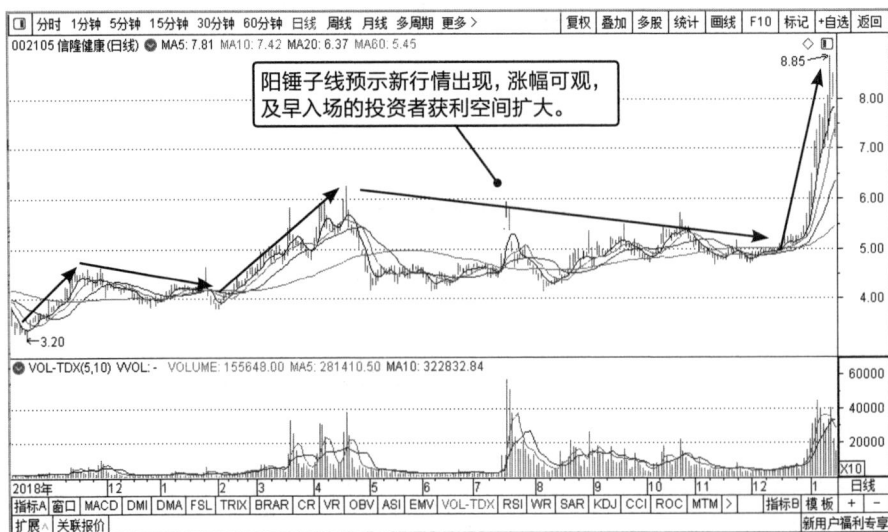

图5-12　信隆健康2018年10月到2020年1月的K线图

从后市的发展可以看到，后续到来的不仅仅是一波上涨，而是一段新的行情，2018 年 10 月的阳锤子线，预示的正是一个长时间的牛市。

截至 2020 年 1 月，该股的价格已经到达了 8.85 元的位置，相较于锤子线处的 3.20 元，一年多的时间便实现了近 177% 的涨幅。而未能在锤子线处入场的投资者，收益空间无疑要缩减不少，可见对底部形态研判的重要性。

## 5.2.2 阳包阴选股实战

阳包阴属于一种见底回升的转向形态，是由两根走势完全相反的较长 K 线构成。第一根 K 线为一根跌势强劲的大阴线，第二天则是一根向下低开的阳线。

第二根阳线的开盘价需要低于前一天的最低价，并且收盘价需要完全吞没阴线的开盘价，二者呈现阳线包住阴线的状态。两根 K 线的实体部分越长，对后市的预示信号也越可靠。

如图 5-13 所示是阳包阴 K 线组合的示意图。

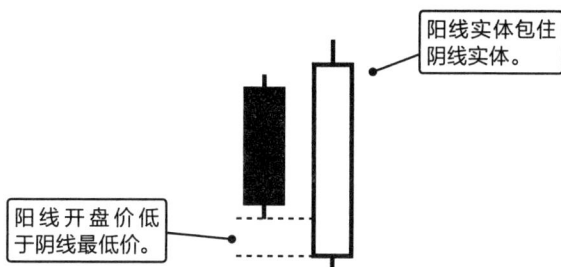

图 5-13 阳包阴 K 线组合的示意图

这种形态出现后，预示着股价有可能已经到了底部或阶段性底部，如果同时有量能的放大配合，则多头强势更为明显。若股价后市继续上涨，则反转走势确认，是一个抄底的机会，投资者可大胆适当建仓。

下面就来分析具体的案例。

**实例分析**

## 贝达药业（300558）阳包阴选股解析

如图 5-14 所示是贝达药业 2018 年 10 月到 2019 年 3 月的 K 线图。

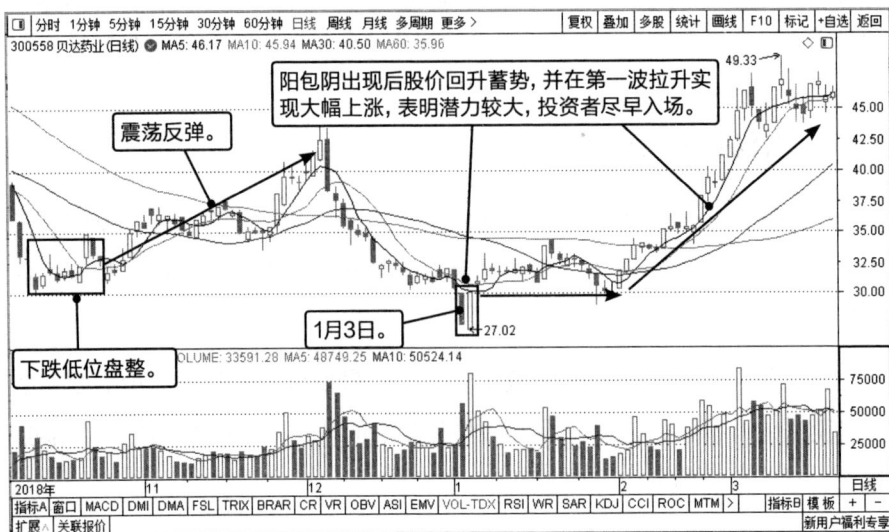

图 5-14　贝达药业 2018 年 10 月到 2019 年 3 月的 K 线图

图中展示的是贝达药业的行情底部，可以看到，股价下跌，到 2018 年 10 月接近底部时已经进入了盘整阶段。10 月底，股价突然有所反弹，在一波震荡反弹后于 12 月初见顶再次下跌，并且跌速加快不少，一路跌至 30.00 元的价位线上方。

股价在 30.00 元的价位线上方受到支撑横盘，但并未持续太久。2019 年 1 月 3 日，股价低开低走，盘中成交量表现活跃，却在不断将价格下拉，最终在尾盘将股价拉到接近跌停板的位置收盘，当日以一根大阴线报收。

第二天，股价以低价开盘，在早盘中被连续推动，快速上涨至高位，并在午盘时被几个大买单强势打到涨停板上。后续的半个交易日内，涨停板不断开合交易，最终在收盘时再次封死，当日以长实体阳线报收。

这两根 K 线实体都较长，并且阳线的开盘价低于阴线最低价，其收盘价已经超越了整根阴线，将其包在其中，下方成交量也在阳线出现时同步进行了放量。这是典型的阳包阴形态，释放了强烈的买入信号。

当阳包阴形成后，该股回升至 30.00 元以上，横盘蓄势，准备着后续的上攻。2 月初，成交量再次大量放量，股价受其影响快速上涨，并在 3 月初成功突破了前期反弹的高点，标志着新行情的彻底明朗化。

仅仅第一波上涨，就将股价拉升至接近 50.00 元的位置。而阳包阴形态处的入场成本在 30.00 元左右，两个月时间接近 67% 的涨幅，已经充分显示了该股的上涨潜力，后续为投资者带来的收益不会太小。

### 5.2.3　启明星选股实战

启明星，夜空中黎明前最明亮的那颗星，象征着希望、黑暗中的光明。而在股价低位出现的启明星，代表的就是长期下降趋势的结束，也被称为早晨之星、希望之星或黎明之星等。

启明星由 3 根 K 线组成，当股价在长时间下跌末期，某个交易日股价出现一根实体较长的中阴线或大阴线，紧接着第二根为低开的小实体 K 线（阴阳线都可以）或十字星，第三根则是一根中阳线或大阳线，且收盘价显著地向上穿入第一根阴线实体内部。

如图 5-15 所示是启明星 K 线组合的示意图。

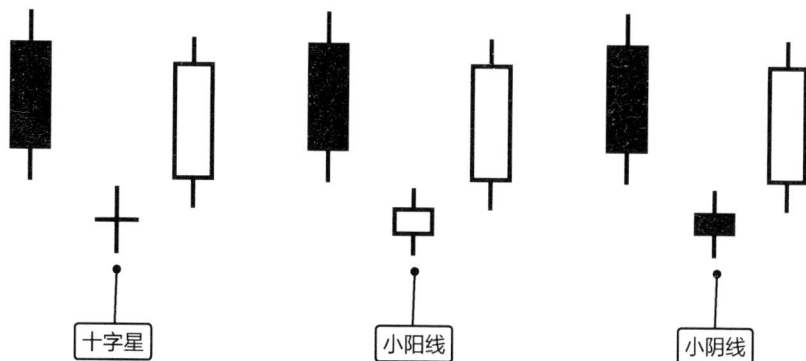

图 5-15　启明星 K 线组合的示意图

启明星形态是一个比较强烈的趋势反转信号，如果第二根低开的 K 线是十字星，见底信号则更为明显。当后续股价上涨回踩不破启明星低点时，就是一个较好的入场点。

下面就来分析具体的案例。

**实例分析**
### 东方国信（300166）启明星选股解析

如图 5-16 所示是东方国信 2021 年 9 月到 12 月的 K 线图。

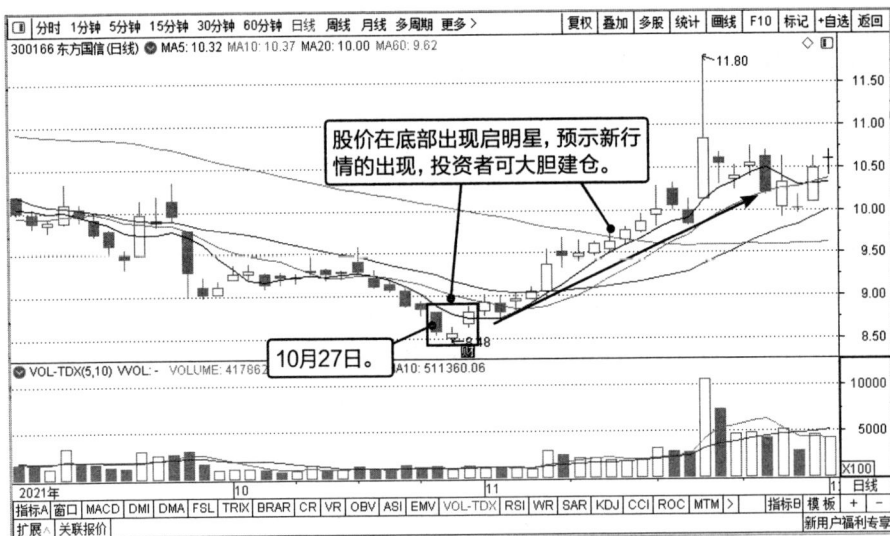

图 5-16　东方国信 2021 年 9 月到 12 月的 K 线图

图中展示的是东方国信的行情底部，可以看到，该股在 9 月底之前还处于下跌中，并且跌势较为迅猛。

之后，股价在 9.00 元到 9.50 元的价格区间内止跌并横盘一段时间后，出现了再次的下跌，股价连续收阴，跌速骤然加快。

10 月 27 日，股价低开低走，盘中不断被大单成交量打压下滑，交易期间一直维持在低位运行，最终以 2.94% 的跌幅收盘，股价当日便收出一根中阴线。

紧接着第二天，股价以低价开盘，却在盘中出现了大幅震荡的走势。在不断急涨急跌拉锯中，该股最终以 0.23% 的跌幅收盘，呈现为一根带上下影线的小实体阳线。

而这一根阳线的收盘价低于前一日收盘价，两根 K 线的实体出现了一个缺口，初步符合启明星形态的前一部分要求，形态开始构筑。

第三天，股价高开，并在盘中被大单推涨，一直维持在高位运行，最终以 3.04% 的涨幅收盘，当日以一根中阳线报收。这一根中阳线的实体与前一日的小阳线实体之间也出现了缺口，并且其收盘价不仅深入第一根中阴线的实体中，还有部分超越。

由此看来，基本符合各项条件的 3 根 K 线已经形成了启明星形态，并且第二根 K 线的最低价也是上一段行情的底部，进一步确定了启明星的出现。对于激进的投资者来说，这就是一个绝佳的抄底机会，而谨慎的投资者仍可以保持观望。

从该股后市的表现可以看出，自启明星出现以来，该股的涨势大盛，连续出现的阳线使得其涨速不断加快。并且从逐渐放大的成交量来看，市场也在变得活跃和热烈。

在启明星的引导下，场内的多方力量大举上攻，以压倒性的优势战胜力量衰竭的空方，实现了价格的急剧上涨，低位入场的投资者在未来的涨势中获得的收益绝对不小。

## 5.2.4 前进三兵选股实战

前进三兵由接连出现的 3 根阳 K 线组成，它们的收盘价依次上涨，表现为一个逐渐稳定的拉升过程。该形态每一根阳线的开盘价都要处在前一根阳线的实体内，或者附近的位置上。

根据后面两根阳线的形态不同，前进三兵可以分为 3 种形态，分别是标准前进三兵、升势受阻（前方受阻三兵）和升势停顿（前方停顿三兵）。

◆ 标准前进三兵的每一根阳线的收盘价都应该位于当天的最高点或者接近最高点的位置，也就是没有上影线或是上影线较短，如5-17左图所示。

◆ 升势受阻是第二根和第三根阳线，或者仅仅是第三根阳线，表现出上涨势头减弱的迹象，并且上影线较长，构成前方受阻状态，如5-17中图所示。

◆ 升势停顿是当第二根阳线为长实体，并且向上创出了新高，第三根只是一个小实体，上影线同样较长，构成了一个停顿状态，如5-17右图所示。

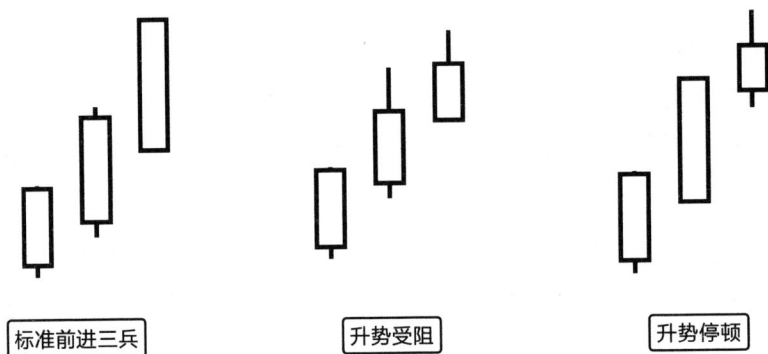

图 5-17　前进三兵示意图

标准的前进三兵形态代表着股价在反转后涨势迅猛，主力在前期吸收了足够的筹码，希望在较短时间内令股价快速脱离成本区域，同时避免散户抢筹。在这种情况下，第一波的拉升可能会比较迅猛，短线投资者完全可以在拉升结束后就卖出。而还未来得及入场的投资者，就要耐心等待后续的回调，在回调底部入场，降低成本。

升势受阻和升势停顿状态都是需要投资者特别注意的。当这两种形态出现在行情见底回升之后，就代表着目标股的上涨暂缓，股价即将停滞或是进入整理回调，而停滞位或回调底部就是逢低吸纳的机会。

下面就来分析具体的案例。

**实例分析**

## 特锐德（300001）前进三兵选股解析

如图 5-18 所示是特锐德 2018 年 5 月到 9 月的 K 线图。

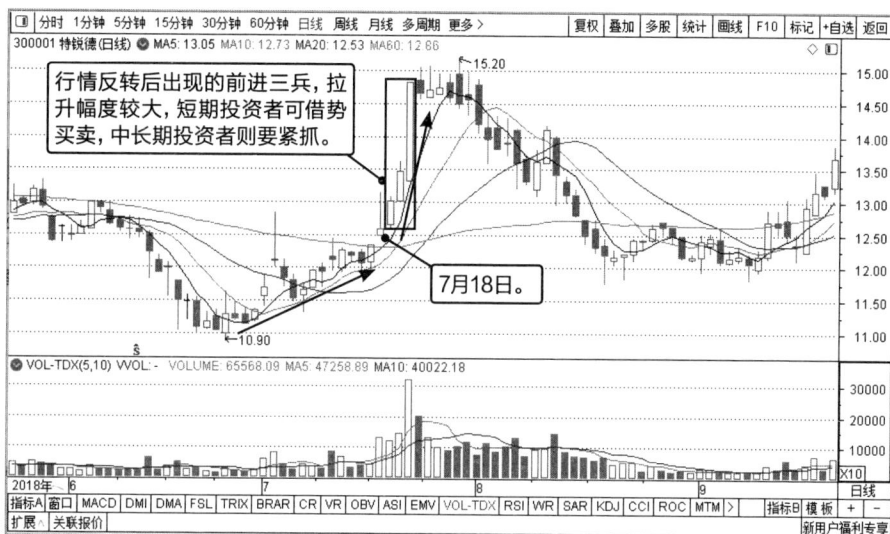

图中文字标注：

行情反转后出现的前进三兵，拉升幅度较大，短期投资者可借势买卖，中长期投资者则要紧抓。

←15.20

7月18日。

←10.90

图 5-18　特锐德 2018 年 5 月到 9 月的 K 线图

图中展示的是特锐德的行情底部，可以看到，该股前期处于股价低位的盘整，并在 6 月初出现了一次快速下跌，数个交易日后股价在 11.00 元的价位线上方止跌横盘。

6 月 26 日，股价在开盘后迅速被大买单推高，随后小幅回落，保持在前日收盘价上方运行，直至收盘。该股当日收出一根带长上影线的阳线，行情也在这一天的最低价 10.90 元处见底。

后续的数个交易日，股价开始回升，并且在日渐活跃的成交量影响下，涨速还在不断加快。7 月 18 日，股价在经历数天的横盘后突然跳空高开，成交量也出现大的放量。

紧接着的 3 个交易日，股价迅速飙升，涨幅一天比一天高，阳线实体也一天比一天长。从其紧密相接的收盘价与开盘价，以及较短的上影线来看，这是一个比较标准的前进三兵形态。

在行情见底后第一波拉升中出现的、未出现受阻或是停顿的前进三兵形态，代表的含义非常明显，即主力对该股后市发展坚定看好，未来的上涨潜力较大，并且持续时间也不会太短。

可以看到，在前进三兵形态出现后，股价直接从形态第一根阳线的 12.50 元左右，飙升到 15.00 元的价位线下方。仅仅 3 个交易日，拉升幅度就达到了 20%，而 7 月 18 日跳空高开的阳线，就是向投资者释放的强烈买入信号。

虽然后续股价就进入了回调，但这一波急剧的拉升依旧为短期投资者带来了不小的收益，投资者完全可以在前进三兵形态结束后就立刻卖出。但中长期投资者还需要暂缓，毕竟牛市才刚到来，要赚取更高的收益，将逢低吸纳的筹码紧抓在手才是关键，甚至还要在后续的回调中大胆加仓。

如图 5-19 所示是特锐德 2018 年 6 月到 2019 年 3 月的 K 线图。

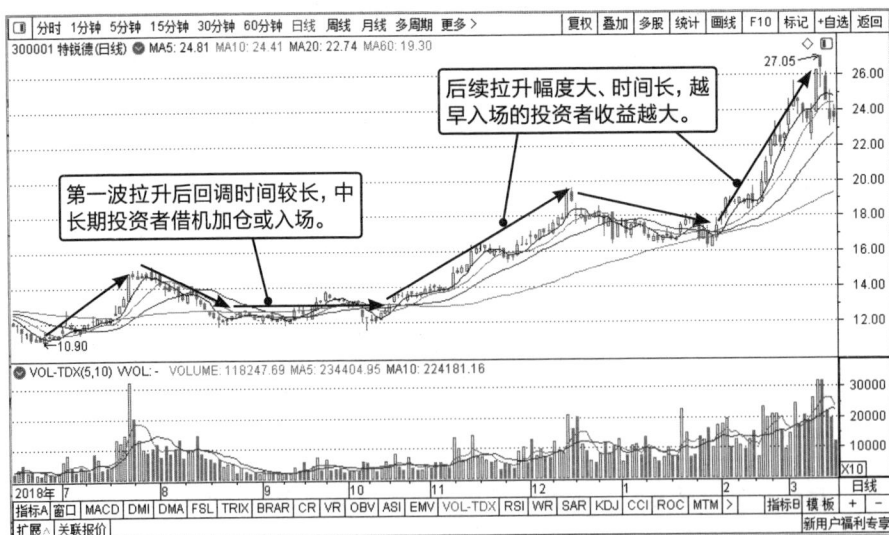

图 5-19　特锐德 2018 年 6 月到 2019 年 3 月的 K 线图

从后市的发展可以看出，特锐德的股价在第一波拉升结束后进入了回调，于 8 月中旬暂缓跌势，又进行了一段时间的盘整，最终在 10 月中旬才开始第二波拉升，为中长期投资者留下了足够的加仓和入场时间。

此次该股的上涨行情持续了较长时间，并且每一波拉升的涨幅都不小，期间也出现了比较规律的回调与整理，投资者要在其中赚取收益并不难。但在前进三兵形态处入场的投资者，优势无疑更为明显，进一步证明了特殊形态辅助判断的重要性。

# 5.3　经典反转形态选股

从前面的内容投资者可以知道，K 线的形态是判断市场运行趋势与方向的重要参考依据之一。而除了由数根 K 线组成的底部形态对新行情有预示意义之外，有些需要经历数周甚至数月之久才能够形成的反转形态，也是投资者的重要观察对象。

这类形态的图形其形成时间往往较长，刚开始构筑时不易被察觉，但一旦构筑完成，对后市的预示意义要清晰得多。

股价底部的反转形态主要有 V 形底、潜伏底、头肩底和双重底等。这些形态大部分都有一条重要的压力线，而股价伴随成交量的放量完成对这条压力线的突破，就意味着形态的成立和新行情的诞生。

## 5.3.1　如何看 V 形底选股

V 形底指的是在股价的低位出现大量恐慌性抛盘，股价相对于前期加速下跌，又在底部被突然出现的利好消息或者主力资金强势拉升，进而形成的一种尖底形态。

V 形底主要分为两种类型，一种是连续收出大阴线下跌见底后，底部不做整理或缓冲，直接以连续大阳线的方式展开上攻，形成典型的 V 形底形态；另一种是在底部展开一两天的大阳线上攻后，进行一段时间的横盘整理，然后再次上攻，形成类似于半边头肩形的 V 形底形态。

从形态上来看，V 形底的反转形态非常急切，常见于熊市反弹行情。而从成交量来说，一般情况下也会形成一个 V 形底，在连续上升的上攻阶段量能放大得尤其快。

成交量也有另外两种情况，一种是下跌阶段表现为平量或者地量，上升阶段才出现快速放量；另一种是主力在底部打压股价，导致底部出现天量，后者这样的形态不多见。

下面就来分析具体的案例。

**实例分析**

### 长信科技（300088）V 形底选股解析

如图 5-20 所示是长信科技 2018 年 9 月到 2019 年 4 月的 K 线图。

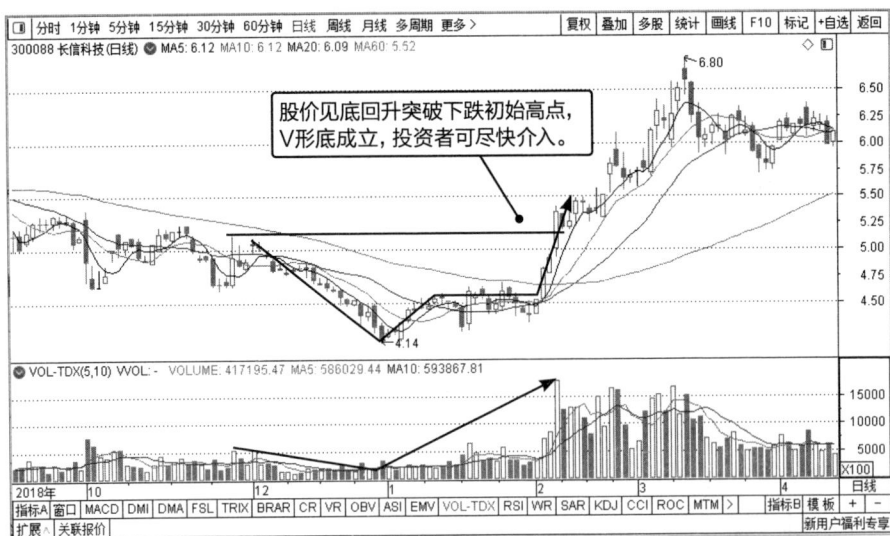

图 5-20　长信科技 2018 年 9 月到 2019 年 4 月的 K 线图

图中展示的是长信科技的行情底部，可以看到，该股的下跌走势到了接近底部的位置时，跌势已经减缓，股价在反复震荡中向下运行，成交量也在逐渐缩减。

12 月初，股价在一波震荡结束后，突然开始快速下跌。骤然加快的跌速拉动股价，在短时间内从 4.80 元左右跌至 4.20 元附近，最终在 4.14 元位置止跌，行情见底。

股价在创出新低后很快回升，在上涨到达 4.50 元的价位线附近后止涨横盘，成交量也有所放大，但仍不足以支撑股价突破下跌初始的高点。此时，K 线已经有在底部构筑 V 形底的迹象了，投资者要时刻保持关注。

2 月初，成交量突放巨量，强劲的推涨力带动股价连收数根大阳线，涨速极快，一举突破了前期下跌初始的高点。在股价伴随成交量放大配合，突破这一条压力线的同时，V 形底的形态也构筑完毕。

而且从成交量形态来看，基本符合 V 形底的理论要求，那么投资者从这几个方面，就可以比较明确地判定出反转形态的成立。在形态形成的同时，股价已经开始了拉升，投资者此时就要抓住机会尽早入场，以便在后续的拉升中扩大自己的获利空间。

如图 5-21 所示是长信科技 2018 年 12 月到 2020 年 2 月的 K 线图。

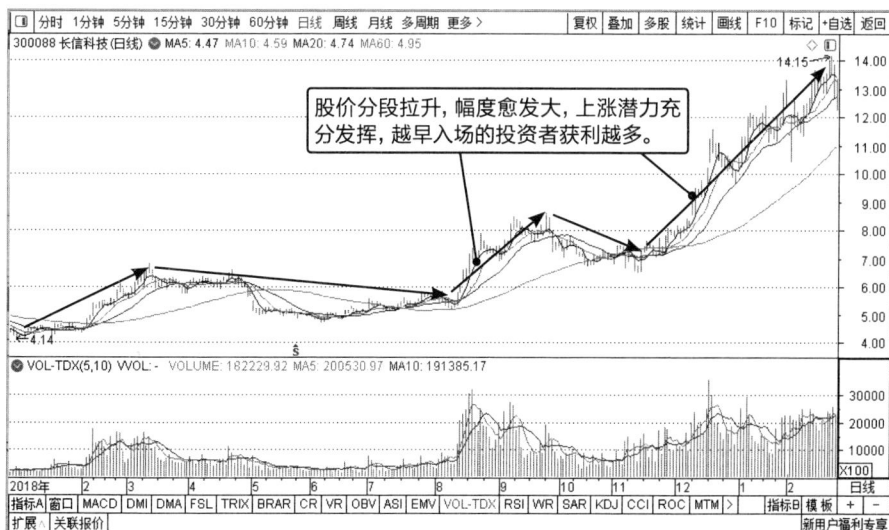

图 5-21 长信科技 2018 年 12 月到 2020 年 2 月的 K 线图

从后续的发展可以看到，长信科技的新行情持续了一年多的时间，截至

2020 年 2 月，其股价已经上涨到了 14.15 元的高点，相较于 V 形底底部的 4.14 元，涨幅达到了 242% 左右。

并且从其拉升周期来看，该股越往后期拉升幅度越大，时间也越长，充分展示了该股的上涨潜力。当然，期间也出现了非常多的入场机会，越早抓住机会，利润空间越大，其中以底部位置抄底入场的时机为最佳。

## 5.3.2 如何看潜伏底选股

潜伏底是指股价经过大幅下跌后，长时间在一个比较狭窄的价格区间内横向整理，每日股价的波幅都比较小，以小阳线与小阴线为主，成交量也十分平淡，在图形上形成一条横线或极为狭长的矩形形状。

这种形态下，股价经过长时间潜伏后，通常会在某一时刻，伴随成交量的配合放量大幅向上拉升，因此是 K 线技术形态当中极具爆发力的一种，同时图形也比较容易判断。

潜伏底与其他反转形态不同的是，潜伏底一旦向上突破之后，股价往往会一路飙升，很少出现大幅的回踩现象。这是因为股价横盘时间已经很长，筹码的换手相当彻底，市场趋向一致。

但潜伏底也因其前期的平淡特性，导致许多投资者失去信心和耐心，进而错失这一波拉升。其实大多数潜伏底在出现后，股价以及成交量都会呈近乎一条横线的方式运行，这在图形上看是比较明显的。

投资者在观察到这种形态出现时，就可以对目标股保持高度关注，一旦有突破迹象，立刻建仓入场。

下面就来分析具体的案例。

**实例分析**
**联创股份（300343）潜伏底选股解析**

如图 5-22 所示是联创股份 2021 年 2 月到 8 月的 K 线图。

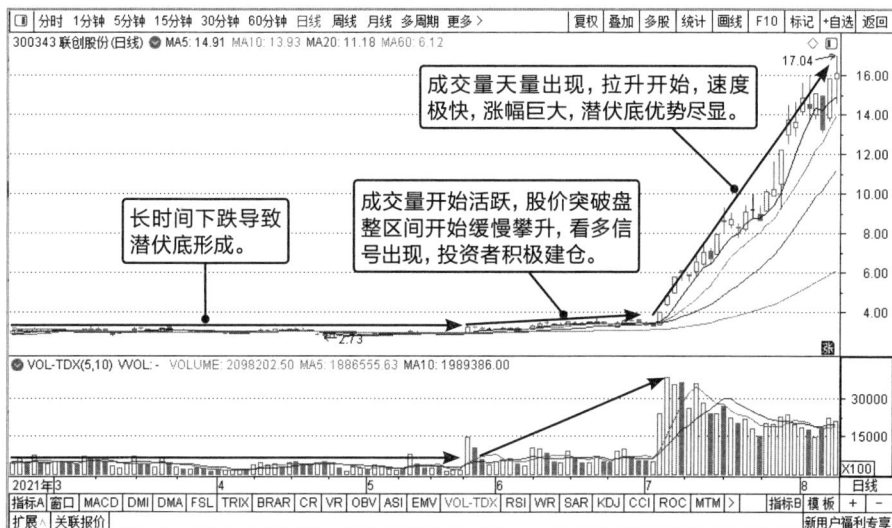

图 5-22　联创股份 2021 年 2 月到 8 月的 K 线图

图中展示的是联创股份的行情低位，该股在前期已经经历了非常长时间的下跌，导致股价运行到后期，市场中大部分的投资者都不再抱有希望。场内气氛冷淡，成交量缩减到极致。

可以看到，该股在 2 月到 5 月期间的走势已经接近水平运行，股价涨跌幅度极小，围绕 3.00 元的价位线上下波动。成交量的振幅也同样极小，二者呈两条横线状态并行。

这是比较明显的潜伏底形态，尽管潜伏底的持续时间往往都比较长，需要一定的耐心，投资者还是需要将其列入重点关注范围，以便在其产生突破迹象时，尽早抓住契机入场。

5 月下旬，潜伏已久的成交量突然出现数十倍的增长，推动股价从长期小幅盘整的价格区间内探头而出。股价在后续成功突破压制，整体上涨至更高位置，并缓慢向上攀升。

这就是一个潜伏底的突破信号。可以看到，在股价缓慢攀升的同时，成交量也变得更为活跃，这表明多方正在蓄积力量准备上攻，后续的大幅拉升即将来临。

7月初，成交量放出天量，多方发力开始大力推涨。股价受到影响连续出现两根跳空高开的大阳线，随后仅仅停滞两个交易日，便继续急速上涨。在整整一个多月的时间内，股价几乎呈一条稳定的斜线快速上冲，并且未出现大幅整理或是回踩。

这充分体现了潜伏底形态的威力，不仅形态容易判断，其强劲的爆发力在所有K线技术形态中都屈指可数。对于投资者来说，只要在观察到潜伏底出现后付出足够的耐心和精力，抓住这么一段骤然爆发的拉升也不会太难。

### 5.3.3　如何看头肩底选股

头肩底是一种典型的反转形态，一般出现在行情下跌尾声中。图形以左肩、底、右肩及颈线构成，相对其他反转形态来说较为复杂。

头肩底的形成大致分为几个部分。首先，股价在跌至一定低位后反弹回压力位，形成左肩；然后再次下行跌破左肩的位置，到达行情底部后形成了头部，再度反弹回压力位，此时的压力位连线则为颈线。

随后，股价开始第三次下跌，当跌幅达到左肩的位置止跌便形成了右肩，开始第三次反弹或者说是上行。当上升幅度突破颈线，并伴随成交量放量支撑后，头肩底形成，其示意图如图5-23所示。

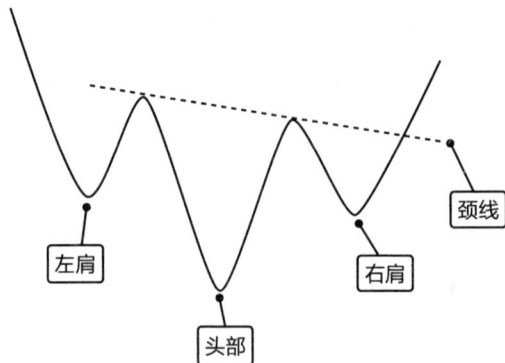

图5-23　头肩底示意图

　　头肩底的形成一般需要较长时间，头部和肩部的大形态之间可能会出现很多次一级的震荡，这都是头肩底形态构筑时多空双方的博弈导致。同样的，成交量也会表现出头肩底的形态。一般来说，右肩的量能会大于左肩，且随着股价的第三次上涨，成交量会大量放量起到支撑作用。

　　这是因为当该形态运行到右肩位置时多方力量已经压制住了空方，此时的下降只是空方仅存的能量，只要第三次的上行成功突破颈线，后市就会成为多头市场。

　　这里有一点需要注意，头肩底形态在突破颈线时必须要有量能的剧增才能算有效，否则在突破颈线时则可能变成无量下跌，成为次一级的反弹而不是右肩。

　　下面就来分析具体的案例。

**实例分析**

## 硅宝科技（300019）头肩底选股解析

　　如图 5-24 所示是硅宝科技 2018 年 6 月到 2019 年 4 月的 K 线图。

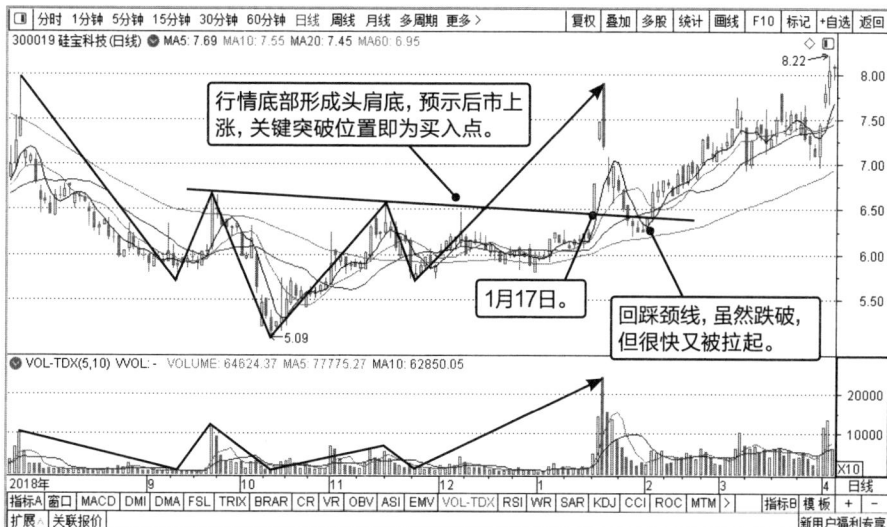

图 5-24　硅宝科技 2018 年 6 月到 2019 年 4 月的 K 线图

图中展示的是硅宝科技的行情底部，可以看到，该股股价一路下滑，最终在 6.00 元附近受到支撑横盘。9 月中上旬，一根带长下影线的阴线出现，跌破了盘整区间，形成左肩。

数天后股价回升，在穿过 6.50 元的价位线后再次下跌。此次跌速明显加快，半个月不到的时间，股价就创出了 5.09 元的新低，随后止跌，出现了第二次上涨，形态头部形成。

股价在回升过程中，也出现了数个次一级的波动，表明在这段时间内多空双方的博弈激烈。此时头肩底已经构筑到接近右肩的位置，而激进的投资者已然可以开始建仓试探了。

11 月中旬，股价再次到达 6.50 元价位线的位置，但并未突破第一次上涨的高点便被压制回落，两个高点连线形成了一条关键压力线，即颈线。11 月底，股价很快再次止跌上涨，右肩形成，随后开始横盘整理。

至此，头肩底基本构筑完毕，但还欠缺一个关键的突破信号。2019 年1 月 17 日，成交量巨量放出，股价受其推动出现一根跳空高开的大阳线，强势向上突破了颈线，并在后续数天接连上涨。此时关键信号出现，头肩底成立。

再来看成交量的变化，在 K 线头肩底形态构筑的同时，成交量也随之出现了相应的缩放，并且与 K 线形态基本对应。尤其在最后突破颈线时，成交量更是提供了强有力的支撑，保证了形态的有效。

在颈线被突破之时，就是投资者的绝佳买入时机。可以看到，股价在大幅拉升后出现了回踩颈线的走势。虽然股价跌破了颈线，但很快又被拉回，运行到颈线上方，更加说明了头肩底形态的有效性，这个回踩点就完全可以当作场内投资者的加仓点，以及场外稳健投资者的入场点。无论是短期投资者还是中长期投资者，在此处建仓都是非常明智和正确的选择。

### 5.3.4 如何看双重底选股

双重底形态出现在股价下跌的低位，是一种比较常见的底部反转形态，其形成原因如下。

股价长期下跌后，多空双方都处于观望中，成交量已经大幅度地缩减，此时若有买盘介入，即便资金量不大，也会使股价止跌反弹。在反弹中成交量会有所放大，但不会出现明显放量，这就形成了第一个低谷。

在反弹到波峰时短期获利盘抛出，成交量同样在波峰处放量后再度萎缩，股价也会随之再次滑落。当股价下跌到前期低点附近时，伺机吸筹的主力和抄底的投资者逢低买进，成交量迅速放大，股价再次上升，形成了第二个低谷。若这一次股价在成交量的配合下一举冲破了颈线，则表明双重底形态成立。

因双重底形态类似于英文字母 W，故也被称为 W 底。双重底的两个波谷之间的距离要超过一个月才算有效，否则形态可能会不成立。

下面就来分析具体的案例。

**实例分析**
### 创维数字（000810）双重底选股解析

如图 5-25 所示是创维数字 2018 年 7 月到 2019 年 3 月的 K 线图。

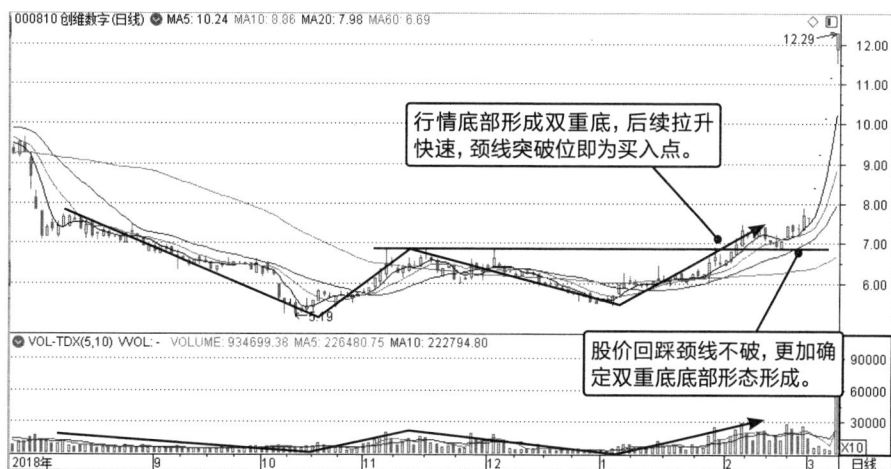

图 5-25　创维数字 2018 年 7 月到 2019 年 3 月的 K 线图

图中展示的是创维数字的行情底部，可以看到，该股在 8 月初出现了一次加速下跌后，便开始构筑双重底形态。

8 月中上旬，股价的快速下跌趋势减缓，开始以相对稳定的跌速下滑，并于 10 月中旬创出 5.19 元的新低，行情也在此见底。随后股价回升，形成双重底形态的第一底。

股价在反转后的第一波回升较为缓慢，11 月初才到达 7.00 元价位线并在该位置附近受阻横盘，涨势停滞，而 7.00 元的价位线即为双重底的颈线。12 月中上旬，股价开始出现下跌，并于 2019 年 1 月初止跌横盘，形成第二底。

此时双重底形态的两个低点都已经出现，并且彼此相隔距离在两个月以上。只要后期股价成功突破颈线，就能判定双重底的成立。

在经历了一个月左右的上涨后，股价终于接近了颈线位置。2 月初，成交量愈发活跃，最终还是推动股价成功突破了 7.00 元的压制，并在后续进行了回踩确认。

颈线的突破意味着形态的成立，而回踩不破则代表着新行情的确认。投资者在回踩处就要抓紧时间建仓，因为在回踩过后很有可能会立刻开始拉升，此时入场才能不错过这一波涨幅。

果然，在 3 月初，股价回踩完成后迅速开始了第一波大幅拉升，并且此次的拉升还是以连续一字涨停呈现的，第一波的 4 个一字涨停就带来了近40% 的涨幅。这样急剧的涨停一般是很难插手的，这一点从涨停期间急剧缩减的成交量也可以看出，只有在拉升开启之前介入，才能够保证收益。

## 第6章

# 看均线选股：寻找趋势中买点

均线因其功能的完整性和用法的简便性，是技术分析中极为关键的指标之一。均线常用于对市场趋势以及买卖点的判断，如行情的反转、单边走势的持续、适宜的入场点等，非常适合用于技术面的选股，所以均线也成为投资者常用的技术指标。

- 单独的移动平均线如何选股
- 趋势线与均线组合如何选股

# 6.1 单独的移动平均线如何选股

要借助均线选股，投资者首先需要了解均线的基本知识以及特性。

## 6.1.1 均线的基本知识

均线全称为移动平均线（Moving Average），简称MA，是以"平均成本概念"为理论基础，将一定时间周期内的股价或指数的平均值标在价格图表中连成的曲线。它通常用来显示股价或指数的历史波动情况，并以此来预测后市的趋势走向，为投资者提供操作依据。

如图6-1所示是万科A（000002）2021年6月至12月K线图中的移动平均线。

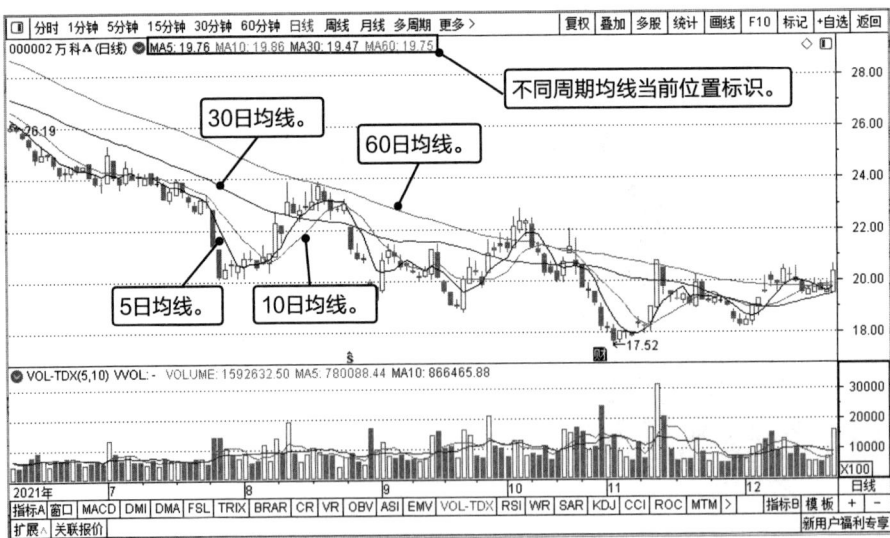

图6-1 万科A在2021年6月至12月K线图中的移动平均线

从图中可以看到，K线周围环绕4条均线，分别是5日均线、10日均线、30日均线和60日均线。图上方框框选的位置即当前均线的设置周期参数，冒号后跟随的数据为当日均线的值。

移动平均线的常用线有 5 日均线、10 日均线、30 日均线、60 日均线、120 日均线和 240 日均线等。其中，通常把 5 日均线和 10 日均线视为短期均线指标，是短线操作的参照；将 30 日均线和 60 日均线视为中期均线指标，是中线操作的参照；将 120 日均线和 240 日均线视为长期均线指标，是长线操作的参照。

另外，以 5 日均线为代表的短期均线波动幅度最大，其时间周期较短，较为贴近股价变化趋势，几乎是伴随 K 线的波动而同步波动。而中长期均线的时间周期较长，波动会相对平缓，表现得比较稳定。

## 6.1.2　均线的特性

均线具有追踪趋势、稳定性、滞后性、助涨助跌性、支撑和压制性等基本特性，而了解这些特性背后的含义，能够有效帮助投资者在选股时做出判断。

◆ **追踪趋势**：均线跟随 K 线运动，因此该指标可以对股价运行起到趋势跟踪的作用。当股价的波动暂时脱离原来的运行趋势时，只要其均线系统没有出现相应的变化，短时间内就不会产生较大的转折。

◆ **稳定性**：均线是股价平均波动幅度的反映，对股价波动起到了平滑的作用。在一段大趋势中，短期均线的波动可能会被影响，但中长期均线不会有大的改变，均线正是反映了这种趋势的稳定性。

◆ **滞后性**：因为均线反映了股价的趋势，具有平滑和稳定性，所以其相对股价稍有滞后。在股价原有趋势发生反转时，移动平均线的行动往往显得迟缓，掉头时间滞后，这一点中长期均线表现得尤其明显。

◆ **助涨助跌性**：当股价突破均线时，无论是向上突破还是向下突破，股价有向突破方向继续运行的意愿，这就是均线的助涨助跌性。

◆ **支撑和压制性**：由于均线的上述几个特性，使得它在股价走势中起支撑和压制的作用。股价对均线的突破，实际上是对支撑线和压力线的突破。均线所选用的周期越长，对股价的支撑和压制就越强。

均线的基本特性在实际操作中应用非常广泛，无论是追踪趋势功能还是助涨助跌功能，都对股价的运行方向起到了高效的研判作用。由于其分类众多，均线对短期和中长期投资者都适用。那么接下来就结合均线的一些特性以及看多信号来进行实战解析。

### 6.1.3 葛兰威尔法则选股法

葛兰威尔法则全称葛兰威尔均线八大买卖法则，是美国投资专家葛兰威尔结合艾略特波浪理论的"股价循环法则"和道氏理论，以一条周期均线和股价之间的位置关系为依据总结的法则，用于预测股价未来的走势，作为买卖的参考。

葛兰威尔法则分为 4 条买入法则和 4 条卖出法则，如图 6-2 所示是葛兰威尔法则买卖点示意图。

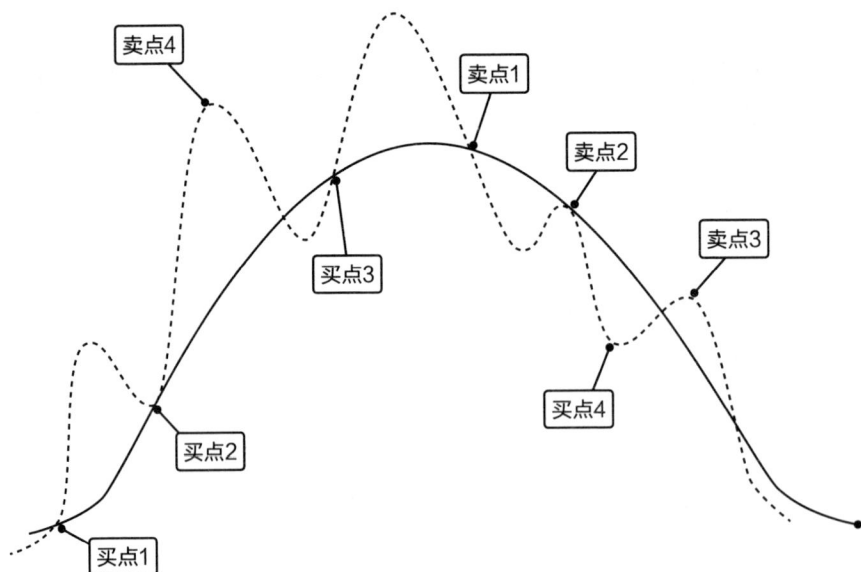

图 6-2　葛兰威尔法则买卖点示意图

图中的虚线代表股价走势，实线代表选用的周期均线。可以看到，股票的买卖点在葛兰威尔法则中被诠释得非常清晰，投资者在选股时需要重点关注前 3 个买点，而买点 4 则不建议使用。因为葛兰威尔法则的 4 个买点分别对应 4 条买入法则，其中前 3 个买点分布在上涨阶段，买点 4 却在下跌阶段。这个买点的利润空间比较低，风险也太大，二者不相匹配，所以投资者只需要掌握前 3 个买点即可。

但需要注意的是，使用葛兰威尔法则时最好不要设置多条均线。因为周期的不同也会导致均线敏感性与滞后性不同，有时均线的交叉形态和法则之间可能会发出互相矛盾的信号。

本节就将选择 30 日均线，对实战中的法则应用进行解析。因为 30 日均线作为一条短中期均线，其优劣势相对均衡，在实战中发出的信号也会比较及时。

### （1）买点 1：黄金交叉

买点 1 的黄金交叉指的是均线经过上一段下跌的下滑后，逐渐转为走平，并有抬头向上的迹象。此时，股价也转而上升，并自下方向上突破了均线，形成一个黄金交叉。

在买点 1 位置向上突破均线的 K 线最好呈现中阳线、大阳线，甚至一字涨停，而且突破均线时如果已经构筑或正在构筑底部形态，例如双重底、头肩底或圆弧底，或等边三角形、旗形、楔形、矩形等整理形态，其发出的买入信号会更有说服力。

下面就来分析具体的案例。

**实例分析**
### 国海证券（000750）葛兰威尔法则买点 1 选股解析

如图 6-3 所示是国海证券 2018 年 5 月到 2019 年 1 月的 K 线图。

图中展示的是国海证券的行情底部，从 30 日均线的状态可以看到，该股在前期是处于下跌状态的，在接近底部时才进入盘整。盘整期间，股价波动幅度非常小，成交量也维持在极低的水平横向发展，整体呈潜伏底的状态，均线也随之走平。

10月初，股价突然连跌数天，脱离盘整区间运行到更低位置。在触底后却又很快回升，形成了一个凹陷的底部，30日均线也随之向下。

在长期下跌的末期出现这样的形态，很有可能是主力的故意打压，意图在低位吸收更多的廉价筹码，以蓄势准备后续的拉升。这也意味着一波快速上涨很可能即将来临，投资者要引起高度关注。

很快，10月中下旬，股价在主力的操盘下连续上涨，最终在10月23日这一天出现了一根一字涨停。这根一字涨停不仅突破了前期的盘整区间压制线，还成功上穿了30日均线，形成黄金交叉，买点1出现。

在潜伏底出现后形成的买点1，无疑释放了强烈的买入信号，并且信号可靠度较高，投资者可以在之后果断追涨入场。

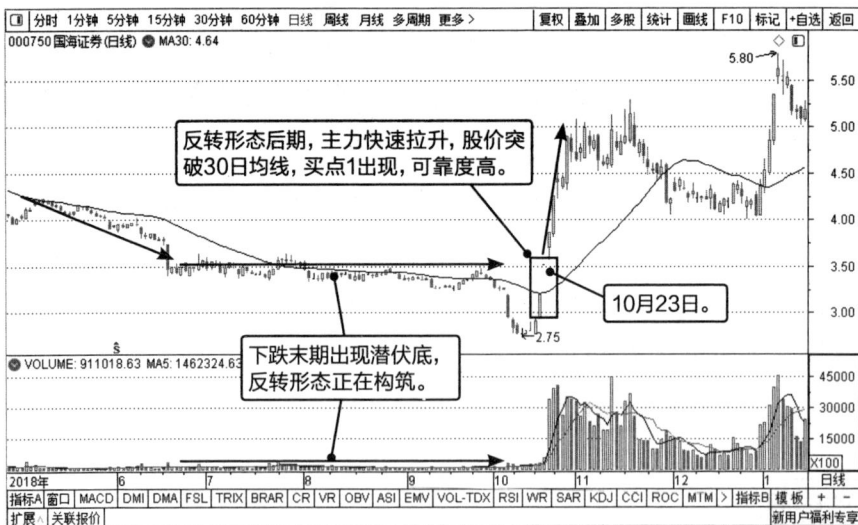

图6-3　国海证券2018年5月到2019年1月的K线图

## （2）买点2：回踩不破

买点2回踩不破指的是股价在连续上升后远离了均线，但随着时间的推移，均线也开始上升。此时股价下跌到均线附近，但未彻底跌破，均线依旧保持支撑作用，推动股价再度上升。

相较于买点 1，在买点 2 出现后入场的安全性比较高，利润空间也不会被压缩得太多。在回踩时，K 线与均线之间可能会存在接触，也有可能在二者还相隔一段距离时，股价就被强大的支撑力推回。这两种情况都代表着场内多方力量的强势，个股具有很大的上升空间。

而且在上升过程中，买点 2 可能会连续出现，次数越多代表支撑力越强，股价的上涨幅度可能也会越大。谨慎的投资者可以在第二次或是第三次出现买点 2 时再入场，但需警惕股价是否已经到达高位区域，避免在高位追涨被套。

下面就来分析具体的案例。

**实例分析**
### 掌趣科技（300315）葛兰威尔法则买点 2 选股解析

如图 6-4 所示是掌趣科技 2019 年 8 月到 12 月的 K 线图。

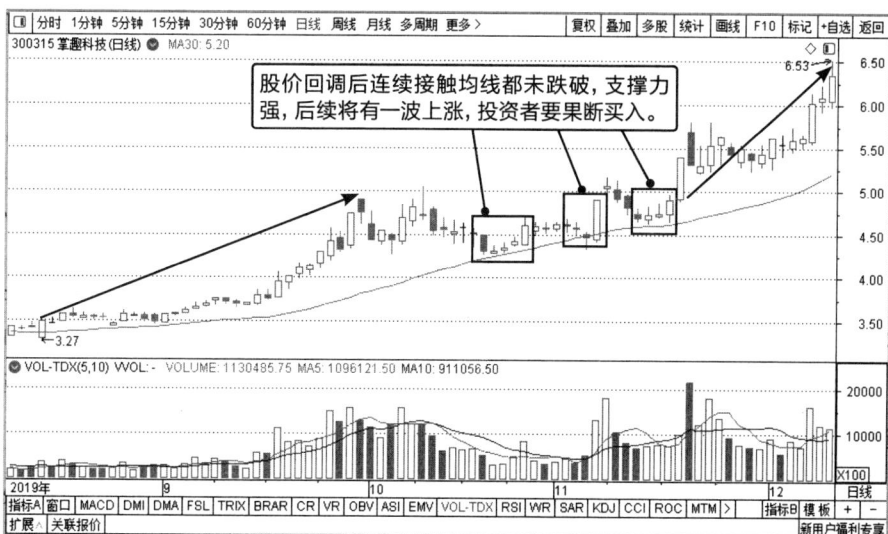

图 6-4　掌趣科技 2019 年 8 月到 12 月的 K 线图

图中展示的是掌趣科技的上涨阶段，可以看到，该股在8月期间，股价的涨势缓慢，均线也保持着小幅的上扬角度运行。这代表股价目前还处于初始的拉升状态，主力并未彻底发力。

9月初，股价在成交量的放量带动下，涨速有所加快。在9月中下旬更是连续收阳快速攀升，远离了均线。而30日均线也在快速上涨的股价带动下拐头向上，两者同步向上攀升。

但股价的这一波拉升持续了半个多月后便有所减缓，在4.50元到5.00元的价格区间内横向运行。最终股价在10月中上旬出现了回调，而此时30日均线还在上行。

阶段见顶后，股价快速下跌，在上扬的30日均线处受到支撑止跌，随后便开始震荡。股价的震荡是沿着30日均线的上行方向波动，期间价格不断向下接触均线，但始终没有彻底跌破，买点2出现。

在此期间，均线也未受到震荡影响，上扬角度几乎没有太大改变。这也进一步证明了买点2的可靠性，在此处入场的风险将会降低不少，投资者可以大胆建仓。

在震荡持续一个月左右后，市场感受到了均线强劲的支撑力，确认多方推涨力充沛，便开始又一波上攻。可以看到，加快的涨速再次带动均线加大了上扬的角度，后续的涨幅也不会太小，为投资者带来的收益比较可观。

### （3）买点3：小幅跌破

买点3小幅跌破指的是股价经过一段上涨后回落，向下跌破了均线，此时的均线仍然在向上运行，只是上扬角度稍缓。而股价在跌破后不久又上穿均线回到上方，并且继续上升。

买点3与买点2比较类似，都是相对可靠的买入信号，区别只在于是否跌破。而且在上涨过程中，买点2与买点3可能会交错出现。

需要注意的是，虽然股价的小幅跌破后回升是买入信号，但在股价上升到相对高位时，投资者一定要注意辨别，股价跌破均线时是否是行情顶部的反转。一旦判断错误，投资者不仅会与获利无缘，还有可能被深套。

这一点其实从均线的角度变化就可以看出端倪，买点 3 的均线是继续向上运行的。而在行情顶部的反转到来时，均线会由上扬转为走平，最后向下跌去。只要投资者注意观察，二者还是比较好分辨的。

下面就来分析具体的案例。

**实例分析**

## 亚宝药业（600351）葛兰威尔法则买点 3 选股解析

如图 6-5 所示是亚宝药业 2021 年 3 月到 9 月的 K 线图。

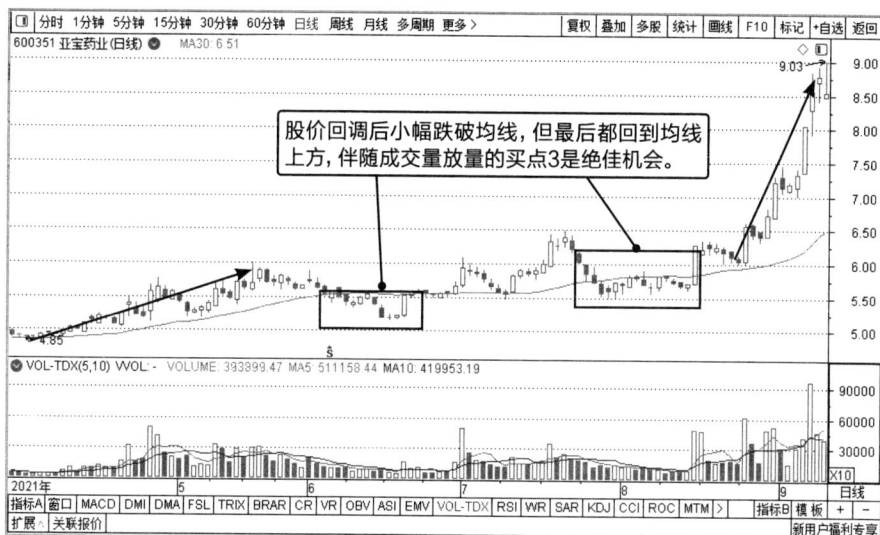

图 6-5 亚宝药业 2021 年 3 月到 9 月的 K 线图

图中展示的是亚宝药业的上涨阶段，可以看到，该股在 4 月到 5 月中旬期间正在拉升，但在 6.00 元的价位线处受到压制回落。

股价从 5 月中旬开始回调下跌，导致上扬的 30 日均线逐渐走平。6 月初，股价一路跌破了 30 日均线，彻底运行到其下方，但很快便止跌回升到均线附近，盘整数日后再次上涨离开均线，买点 3 出现。

但这个买点3后续的上涨幅度并不大，成交量的支撑力也不足，导致股价很快又出现了下跌。如果投资者遇到缺乏成交量配合的买点3，可以不必急于入场，以免被虚假信号欺骗。

7月底，股价再次回调并跌破30日均线，而此次的股价并未远离均线，而是紧贴着均线横向运行。8月中旬，成交量大量放出，股价立刻一跃而上突破均线，并在后续的小幅回踩中站稳，买点3再次出现。

紧接着，伴随成交量的不断扩张，股价连续收阳快速上涨，带动均线加大了上扬角度。很明显，这次买点3释放的买入信号就要可靠许多，有了成交量的支撑，股价的上涨空间也有了保障，投资者再入场的风险就会降低不少。

## 6.1.4 短期均线选股法

短期均线主要以5日均线和10日均线为代表，一般用于指导短线操作。因为其时间周期较短，能够更好地贴合股价或指数，因此短期均线比较受到短期投资者的青睐。

但正因为短期均线的贴合度高，有时会对股价或指数的波动过于敏感，尤其是在震荡较大的行情中。当股价不断起伏时，短期均线也会随之上下震动，再加上均线的滞后性，所以研判难度会加大不少。

要在震荡行情中使用短期均线操盘获益难度太大，这里不建议普通投资者采用。但在明朗稳定的单边行情中，短期均线的表现往往会超乎想象。

投资者可以根据短期均线产生的交叉形态，以及均线的助涨助跌特性帮助判断。当5日均线上穿10日均线产生金叉时，就是一个短线的买点，而在金叉之后两条均线在下方支撑股价稳定上涨，就代表着行情的稳定，投资者可以继续持有，直到阶段见顶。

下面就来分析具体的案例。

**实例分析**

## 亚厦股份（002375）短期均线选股解析

如图 6-6 所示是亚厦股份 2020 年 2 月到 7 月的 K 线图。

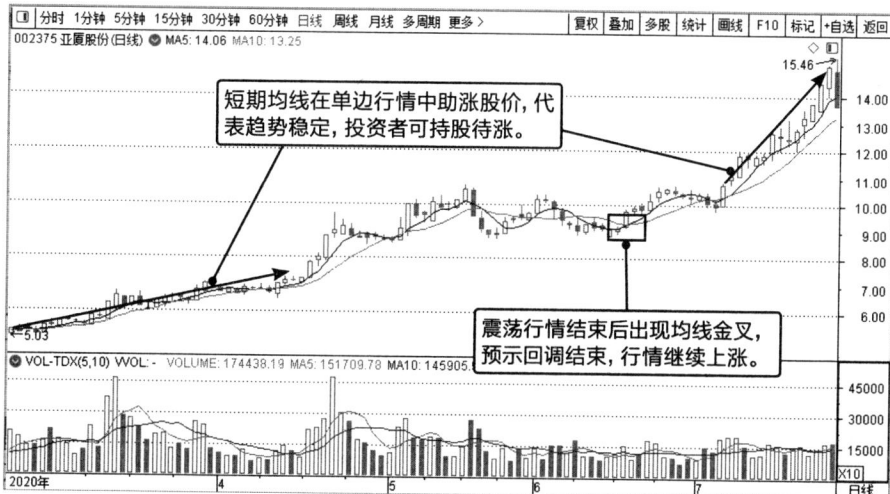

图 6-6　亚厦股份 2020 年 2 月到 7 月的 K 线图

图中展示的是亚厦股份的上涨阶段，可以看到，该股正处于比较稳定的单边上涨行情中，5 日均线和 10 日均线紧贴着 K 线。

在 3 月期间，股价以稳定的涨速运行，5 日均线和 10 日均线承托着股价同步向上攀升。二者波动幅度都不大，表明这一段行情在短时间内比较稳定，投资者可以持股待涨。

4 月中上旬，股价涨速忽然加快，带动两条均线大幅上扬，随后便开始进入震荡。在 5 月中旬到 6 月中旬的这段时间内，股价震荡幅度较大，导致 5 日均线与 10 日均线不断互相交叉，但由于 10 日均线始终走平，买入信号强度都不大。

6 月中旬过后，股价再次上涨，此次的 5 日均线在上穿 10 日均线的同时，10 日均线也在拐头向上，二者在金叉出现后都向上发散。随后股价更是在小幅回踩后开始快速拉升，两条均线的助涨作用充分发挥。

这一个金叉传递的信号就比较强烈了，它是在两条均线都转头向上的同时形成的看多形态，其可信度比震荡期间的形态要高得多。并且在后续的拉升阶段，均线也承托在股价下方实现了助涨作用，投资者在金叉处入场，至少能够抓住这一段拉升。

## 6.1.5 中期均线选股法

中期均线主要以 30 日均线和 60 日均线为代表，可以用于观察几个月内的趋势转折以及后续走向。相对于短期均线来说更为稳定，对趋势的预测也更准确，更适合目标周期为几个月以内的投资者。

30 日均线和 60 日均线有着非常强的趋势性，无论是在上升趋势还是下跌趋势中，一旦单边行情出现，两条均线对股价形成助涨助跌作用，一般情况下趋势在短时间内不会有太大改变。

当阶段或是行情的下跌见底，30 日均线自下向上突破 60 日均线形成金叉后，股价回踩受到支撑，那么后市可能会有一轮上升。

需要注意的是，中期均线的金叉形成时要有成交量放大的配合，在回踩时成交量较突破时有一定萎缩，这样才能更精准地确定买入点，否则股价可能会在失去成交量推动的情况下突破失败，使得投资者对买点的判断失去价值，甚至可能遭受损失。

尤其是在行情底部出现特殊形态的构筑成立，如双重底、头肩底的颈线突破，伴随中期均线的金叉出现时，成交量的量能需要有相应放大，此时释放的才是真正的入场信号。

下面就来分析具体的案例。

**实例分析**
利亚德（300296）中期均线选股解析

如图 6-7 所示是利亚德 2020 年 3 月到 9 月的 K 线图。

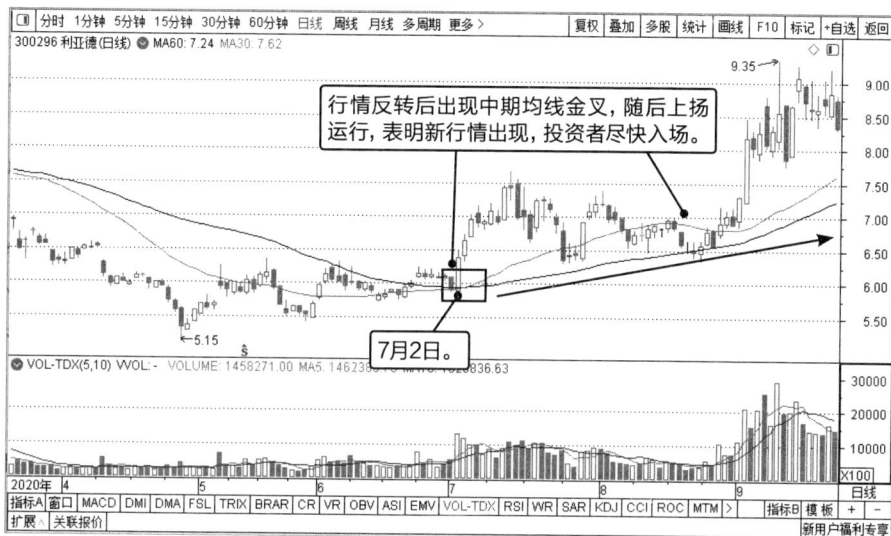

行情反转后出现中期均线金叉，随后上扬
运行，表明新行情出现，投资者尽快入场。

7月2日。

图 6-7  利亚德 2020 年 3 月到 9 月的 K 线图

图中展示的是利亚德的行情底部，从均线的状态可以看到，在 3 月到
4 月期间，股价还处于下跌之中，30 日均线和 60 日均线朝下方运行。

4 月底，在一次快速下跌之后，股价创出 5.15 元的新低，随即止跌回升，
行情也在此见底。在行情反转后，股价回升越过了 30 日均线，但很快便跌落
下来，开始围绕着 30 日均线震荡运行。此时 30 日均线已经在震荡上涨的股
价影响下走平，而 60 日均线依旧保持着下行状态。

7 月 2 日，股价平开高走，在早盘被不断出现的大单推涨，甚至达到了
涨停板，但只是接触了一次后便有所回落，在高位横向运行，最终以 8.31%
的涨幅收盘。

股价当日以一根大阳线报收，不仅突破了盘整区间的压制，还连续越过
了两条中期均线。30 日均线也在接下来两天的走势后上穿逐渐走平的 60 日均
线，形成了向上的金叉，随后双双拐头向上。

从成交量可以看到，在金叉出现时的量能相对于前期震荡走势的成交量
来说有明显放大配合，并且在 7 月 14 日阶段见顶后的回调中也有相应缩减，
表明了此次买入信号的清晰和可信度。激进的投资者可以在金叉出现的位置

建仓，及早抓住机会，稳健的投资者可以在缩量回调到均线位置受到支撑时大胆买进。

## 6.1.6　长期均线选股法

长期均线主要以 120 日均线和 240 日均线为代表，也被称为半年均线和一年均线，代表着大盘中长期走势，通常可以作为"牛""熊"界线的判断依据。

时间周期越长的均线，其运行方向要改变也越困难，且滞后性也愈发严重。正是因为长期均线的稳定性远超短中期均线，往往一年也不会出现几次拐点，提供的交易信号非常少，所以长期均线更多地用于观察长期趋势，尤其是大盘指数。

一般来说，如果股价向下跌破两条长期均线，同时 120 日均线也向下跌破 240 日均线，表示行情进入到熊市；如果股价向上突破两条长期均线，同时 120 日均线也向上突破 240 日均线，则表明行情进入到牛市。

此外，长期均线还有很多实用的技法，下面介绍几种。

◆ 股价下跌到低位，在长期均线下方完成双重底、三重底或头肩底等底部形态的构筑。随着底部形态的完成，长期均线走平，之后股价放量突破长期均线，意味着股价即将快速拉升。此时就是很好的买入时机，且很多黑马股的产生都是从此时开始。

◆ 股价经过一段时间的下跌后，在长期均线上方形成了典型的整理形态或底部形态，之后股价放量突破整理形态或底部形态。这类股价未来涨幅都不会太小，是中长线投资者优选的品种。

◆ 在上涨途中，运行在长期均线上方的个股在出现回落走势时，往往会在上行的长期均线位置获得很好的支撑，之后股价会继续大幅上涨。因此，在股价回落至长期均线位置附近，投资者可以适当补仓。

长期均线对于市场风向的预估作用，可以帮助投资者在不同的市场环境中制定适宜的投资策略。无论是观察大盘指数还是个股走势，长期均线都是理想的参考指标。

下面就来分析具体的案例。

**实例分析**

### 三诺生物（300298）长期均线选股解析

如图 6-8 所示是三诺生物 2018 年 9 月到 2020 年 6 月的 K 线图。

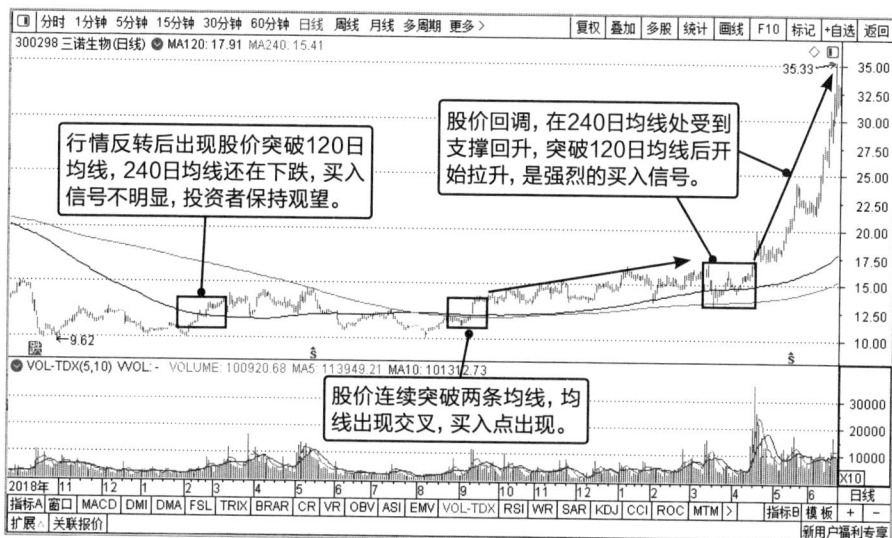

图 6-8　三诺生物 2018 年 9 月到 2020 年 6 月的 K 线图

图中展示的是三诺生物的上涨初期，可以看到，在 2018 年 10 月，股价还处于快速下跌状态，但很快在 10.00 元的价位线附近止跌横盘，并于 10 月底在 9.62 元的位置见底。

行情见底后立刻回升到 12.50 元附近，但两条长期均线因其滞后性较强，还未出现明显改变。2019 年 2 月，股价再次上涨越过了 120 日均线，随后在 120 日均线的支撑下开始横盘震荡，这条半年均线也受其影响逐渐走平。

随着 240 日均线的下行靠近，两条长期均线对股价形成了上下钳制，将股价禁锢在 11.50 元到 14.50 元之间，盘整了数月之久。2019 年 6 月初，股价最终还是跌破了 120 日均线的支撑，受到两条均线的双重压制，再次横盘。

2019 年 9 月初，股价又一次上涨，并连续突破了两条长期均线，运行到其上方，形成了一个买点。此时 120 日均线已经开始缓慢转向上方，240 日均线还在走平的过程中。两条均线产生了交叉，但并未向上发散开来，买入信号还不算强烈，谨慎的投资者可继续观望。

在股价回踩站稳后，开始以缓慢的涨速震荡向上运行。两条均线在长时间的震荡中不断加大上扬角度，支撑着股价同步向上攀升。

2020 年 3 月，股价出现了一次快速下跌，直接跌破了 120 日均线，但很快在 240 日均线处受到支撑止跌，这表明一年均线的支撑力依旧强劲。而此处就成为场内投资者的加仓位，并且在两条长期均线已经开始上扬的情况下，场外投资者也可以趁机入场了。

4 月，股价在受到支撑回升之后，很快便突破 120 日均线，并受到不断放大的成交量推涨，以极快的速度开始了一波拉升。这一次的拉升直接带动两条长期均线大幅上扬，彻底开启了牛市行情，以可观涨幅回馈投资者。

# 6.2　趋势线与均线组合如何选股

趋势线是技术分析中用来绘制某一只股票过去价格走势的线，目的是用来预测未来的价格变化。

趋势线的绘制是通过连接某一特定时期内股价上升( 下跌 )的最高( 最低 )价格点而成，最终直线的角度将指明该股票目前是处于上升的趋势还是处于下跌的趋势。通常上扬的趋势线被称为上升趋势线，而下跌的趋势线则被称为下降趋势线。

两个价格的底部或者顶部就可以画出一条有效的趋势线，但是需要 3 个顶部或者底部才能确认该趋势线，并且接触趋势线的顶部或者底部数量越多，这条趋势线就越难以被突破。

同时，趋势线越陡，该趋势线就越容易被击穿。当价格运动突破了相应的趋势线后，趋势就可能产生反转。

趋势线分析法是技术分析中一种比较常见和简单的方法，但是趋势线分析还需要与其他技术分析，如均线结合起来，才能够更好地帮助投资者判断准确的买卖点。

## 6.2.1　上升趋势线与均线排列结合选股

在实战分析之前，投资者首先需要了解上升趋势线的画法和特性，以及均线排列的概念。

◆　上升趋势线的画法和特性

上升趋势线是在股价持续上涨的过程中，将每次的调整低点相连而形成的趋势线。如果股票运行的过程中每个后面的波谷都高于前面的波谷，那么该趋势线就是上升趋势线。

每一条上升趋势线都需要两个及以上的明显的底部，才能决定这条趋势线的有效性。它表明当股价朝上方移动时，行情非常有可能沿着这条线继续移动，在没有被跌破之前，上升趋势线就是股价每一次回落的支撑线。

如图 6-9 所示是上升趋势线的示意图。

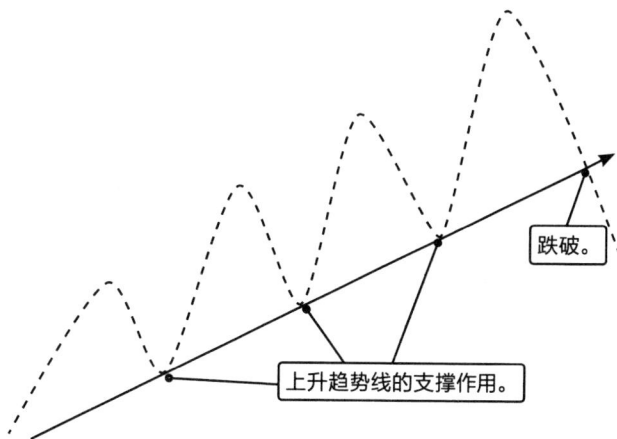

图 6-9　上升趋势线的示意图

当上升趋势线被跌破，股价在短时间内难以回到其上方时，代表新的发展方向可能已经出现。尤其是当跌破趋势线的同时出现了跳空缺口，说明行情的反转比较剧烈和快速，是一个强烈的出货信号。

◆ 均线的排列

当股价长时间持续上涨或下跌且无较大波动时，不同周期的移动平均线就会形成并排上行或下行的形态。根据移动平均线排列顺序的不同，可以分为多头排列和空头排列两种。

多头排列指的是股价呈上升趋势，以下依次排列短周期均线、中等周期均线和长周期均线，三者与股价一样，都保持上扬状态。这样的形态说明市场短期介入的投资者的平均成本超过长期持有投资者的平均成本，市场做多氛围浓。无论是短线、中线还是长线投资者都是入场的好时机。

空头排列与多头排列相反，是指股价位于所有均线下方，不同周期的均线排列顺序从上到下依次为长期均线、中期均线和短期均线，各周期均线保持一定距离向右下方运行。这样的形态说明股价做空意愿极其强烈，股价将持续下跌较长一段时间，投资者应持币观望，直到各期均线下跌速度变缓走平再考虑进场。

如图 6-10 所示分别是均线多头排列（左）和均线空头排列（右）的示意图。

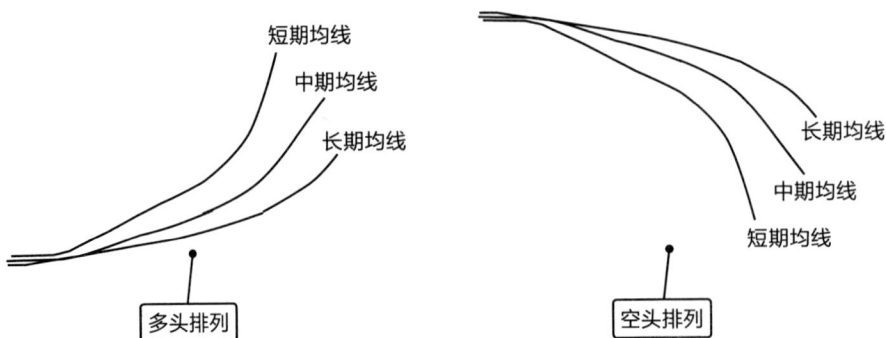

图 6-10 均线多头排列（左）和均线空头排列（右）的示意图

而上升趋势线与均线的结合战法，主要体现在稳定的上涨过程之中。当股价回调或盘整时向下接触趋势线，均线同时在盘整结束之后出现多头排列，两项指标同时发出买入信号，那么此处就是一个比较可靠的入场点。

下面就来分析具体的案例。

**实例分析**
## TCL 科技（000100）上升趋势线与均线发散结合选股解析

如图 6-11 所示是 TCL 科技 2020 年 2 月到 2021 年 2 月的 K 线图。

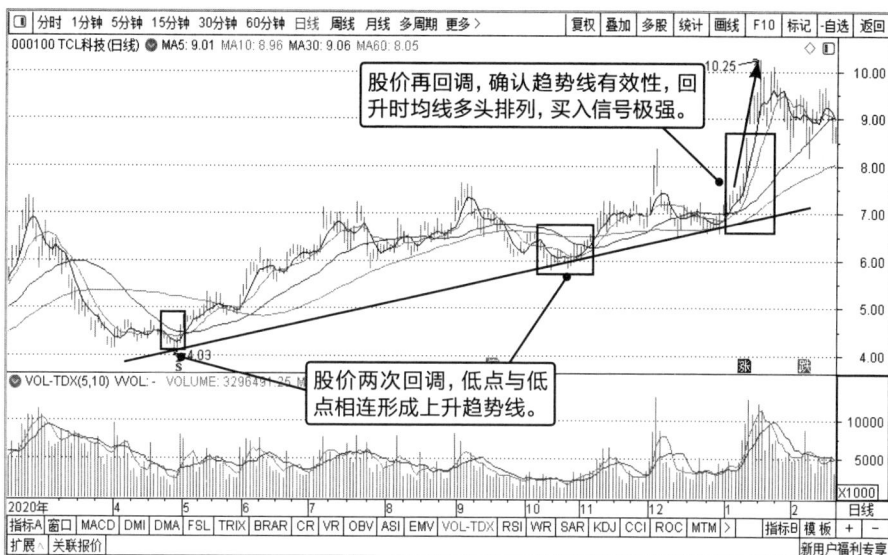

图 6-11　TCL 科技 2020 年 2 月到 2021 年 2 月的 K 线图

图中展示的是 TCL 科技的上涨阶段，可以看到，该股在 2020 年 3 月期间正处于一段回调之中，并且跌幅较深，原本上扬的均线组合也随之拐头向下，在 4.00 元的价位线上方暂时止跌横盘。

4 月底，股价再次下跌到 4.03 元的位置见底，随后股价上升，重新回到了上涨轨道之中。而均线组合也从下跌中恢复过来，纷纷拐头向上。

9 月初，股价在到达 7.50 元左右后涨势渐缓，在横盘数日后出现下跌，进入了再一次的深度回调。很快，在 10 月股价止跌，并围绕 6.00 元的价位线进行盘整，第二个低点出现。

连接这两个低点，投资者就可以画出一条上升趋势线了。但该趋势线的有效性还有待验证，需要第 3 个回调的低点准确踩在画出的线上，才能彻底确定。

10 月底，股价阶段见底后回升，带动因股价回调而交叉在一起的均线再次上扬。很快，股价在 12 月初再次回调，在 7.00 元的价位线附近止跌横盘，均线组合也受到影响纠缠在一起。12 月底，股价回调进入末期，而回调的低位正好踩在了上升趋势线上，彻底确认了这条趋势线的有效性。

随后，成交量放出大量，带动股价迅速回升，涨速骤然加快。均线组合也受其影响大力向上发散开来形成多头排列，角度较大，转弯速度也非常快，是典型的多头发散，表明股价的涨势凶猛。

此时上升趋势线的确认以及均线组合的强势多头发散同时出现，看多信号无疑是比较强烈和可靠的。

在前期保持观望或是错过买入点的投资者，在此处就不能再犹豫。因为股价在经过长时间上涨后已经达到了相当的高度，随时有反转的可能，这一波拉升很有可能就是最后一次赚取收益的机会。

## 6.2.2 下降趋势线与均线银山谷结合选股

下降趋势线对于选股来说也是非常有效的工具，投资者既能利用其特性判断行情下跌过程中的反弹，也能根据突破位来推测新行情的出现。而均线的银山谷，就是新行情出现后决策买点的关键形态。下面先来分别了解下降趋势线的画法和特性以及均线的银山谷。

◆ 下降趋势线的画法和特性

下降趋势线是在股价持续下跌过程中，将每次的反弹高点相连接而形成的趋势线。与上升趋势线类似，下降趋势线也需要两个及以上的明显顶部，才能确定有效性。

在下降趋势线没有被突破之前，这条线就是每一次反弹的压制线，在线上的反弹高点越多，这条趋势线的压制力就越强。而当下降趋势线被有效突破，就预示着上升行情的出现。

如图 6-12 所示是下降趋势线的示意图。

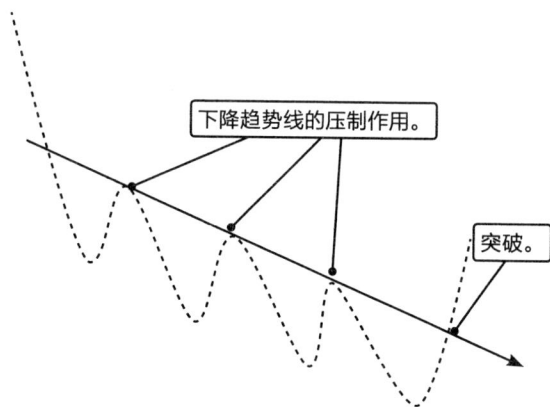

图 6-12　下降趋势线的示意图

◆　均线的银山谷

银山谷指的是股价经过一段时间的整理或下跌后，均线组合中的短周期均线由下往上穿过中等周期均线和长周期均线，中等周期均线由下向上穿过长周期均线，从而形成了一个尖头朝上的不规则三角形。

银山谷一般由 3 条均线组成，比较常见于行情的底部和深度回调的底部，是阶段见底的买入信号。它的出现表明场内的抛压减小，多方已经积累了较大的上攻能量，在银山谷形成的同时带动市场开始活跃。

这里的成交量需要有放量的配合，但也有一种特殊情况，即银山谷构筑时股价出现了一字涨停，此时对应的成交量自然不会有放量。但在一字涨停开板后需要有一波大的量能出现，用于支撑股价后续的上升。

如图 6-13 所示为银山谷的示意图。

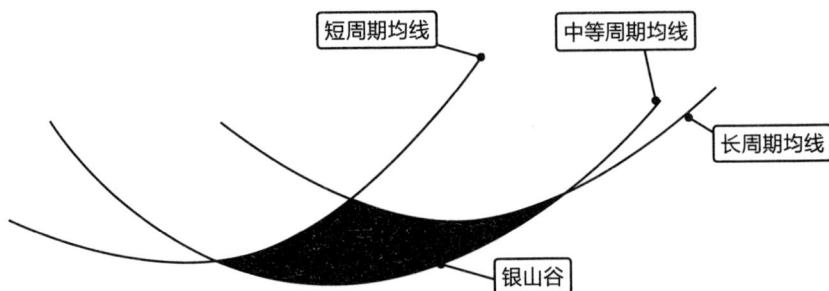

图 6-13　银山谷的示意图

投资者在实战中就可以通过下降趋势线判断下跌行情的结束，再利用均线的银山谷判断上涨行情的开启，从而更为准确地做出决策。

下面就来分析具体的案例。

**实例分析**

**兔宝宝（002043）下降趋势线与均线银山谷结合选股解析**

如图 6-14 所示是兔宝宝 2018 年 7 月到 2019 年 4 月的 K 线图。

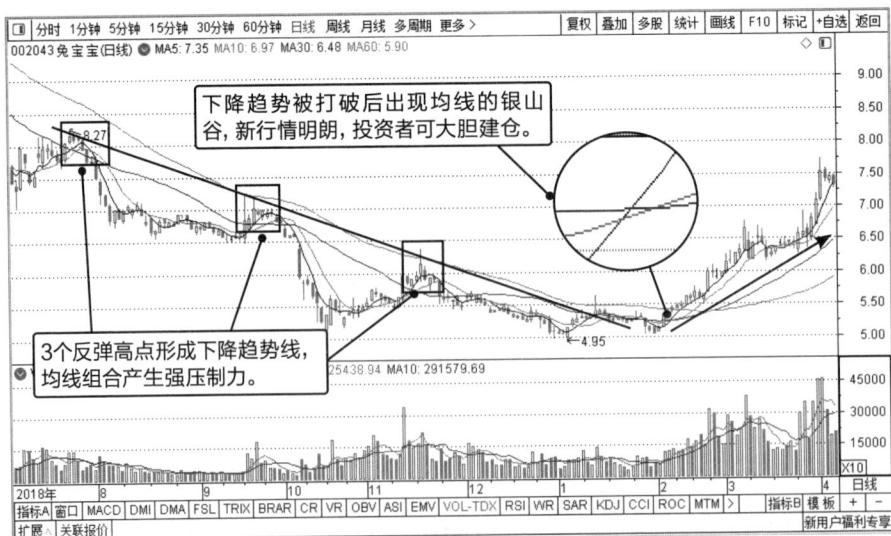

图 6-14　兔宝宝 2018 年 7 月到 2019 年 4 月的 K 线图

图中展示的是兔宝宝的下跌阶段，可以看到，在长时间的下跌过程中，5 日均线和 10 日均线跟随股价不断震荡，而 30 日均线和 60 日均线则保持着比较稳定的角度下行，对股价产生了强力的压制作用。

7 月底，股价出现反弹，但在创出 8.27 元的阶段最高价后便被压制向下，一个反弹高点出现。9 月中下旬，股价止跌回升，上涨到 60 日均线附近受到压制，又形成了一个反弹高点，与 7 月底的高点连线便形成了一条下降趋势线。

11 月中旬，股价再次反弹，与下行的 60 日均线相遇后回落，形成的高点正处于下降趋势线之上，彻底确认了这条趋势线的有效性。

2019 年 1 月，股价创出了 4.95 元的新低，行情也在此见底。紧接着，伴随着最后一波下跌而缩减的成交量开始放大，带动股价回升越过了下降趋势线，但很快便小幅回落，进行盘整。

此时的下降趋势已经被打破，均线组合也由下跌逐渐转为走平，并且在盘整期间黏合在一起。这表明下跌行情可能已经结束，新的趋势即将出现。

2 月初，股价回落到前期绘制的趋势线上方，此时成交量大量放出，带动股价迅速上涨脱离了盘整区间。5 日均线、10 日均线和 30 日均线也在股价的影响下纷纷拐头向上，在互相上穿后形成了一个银山谷。

这个银山谷的不规则三角形面积较小，几乎可以看作 3 条均线同时交叉于一点。银山谷的出现，对于新行情的预示是比较明显的，尤其是伴随着成交量量能的不断扩张，说明上升趋势的拉升即将开始，投资者尽早入场为佳。

## 6.2.3　趋势轨道线与均线多头排列结合选股

趋势轨道线又称通道线或管道线，是基于趋势线建立的一种分析方法。在趋势线画出后，将第一个峰或谷作为基准点，做出这条趋势线的平行线，这条平行线与趋势线就一同形成了趋势轨道线。

如图 6-15 所示分别是上升趋势轨道线（左）和下降趋势轨道线（右）的示意图。

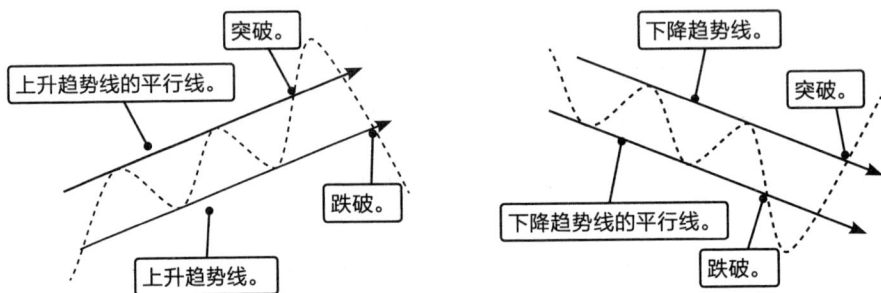

图 6-15　上升趋势轨道线（左）和下降趋势轨道线（右）的示意图

趋势轨道线的作用是限制股价的变动范围，让它维持相对稳定的趋势前进。一组趋势轨道线一旦得到确认，那么 K 线大部分时间将在这个通道里变动，对两条平行线的突破意味着行情将有一个大的变化。

与单纯的一条趋势线不同，对趋势轨道线的突破需要关注上下两条平行线。当股价在上涨趋势中突破上升趋势轨道线上方的平行线，意味着趋势加速的开始，即原来的趋势线和斜率将会增加，趋势线的方向将会更加陡峭，是一个非常好的加仓机会。

如果在下跌趋势中，股价还未触及下降趋势轨道线下方的平行线，还有一段距离就开始掉头，这往往是趋势将要改变的信号。

这说明，市场空方已经没有力量继续维持原有的下降趋势了。一旦股价在后续突破下降趋势轨道线上方的下降趋势线，行情可能已经扭转，抄底机会出现。

此时均线的多头排列就是决策买点的关键形态。当趋势轨道线被突破，均线又出现多头排列时，就代表一个值得介入的买点出现，投资者无须犹豫，直接建仓。

下面就来分析具体的案例。

**实例分析**
**中环股份（002129）上升趋势轨道线与均线多头排列结合选股解析**

如图 6-16 所示是中环股份 2019 年 11 月到 2021 年 7 月的 K 线图。

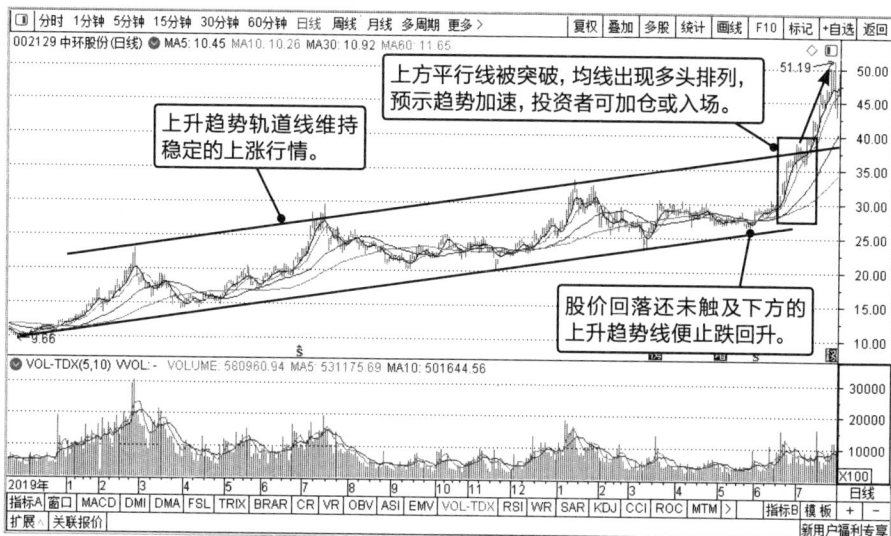

图 6-16　中环股份 2019 年 11 月到 2021 年 7 月的 K 线图

图中展示的是中环股份的上涨阶段，可以看到，该股的上涨行情持续了非常长的时间。在此期间，该股价格在不断回调和上涨中，波峰与波谷持续升高，形成了比较稳定的上涨趋势。

以 2019 年 11 月底的 9.66 元低位为起点，逐次连接上涨过程中的回调低点，就能够得到一条有效的上升趋势线。以 9.66 元的起点之后产生的第一个波峰为基准点，能够做出上升趋势线的平行线，二者结合就形成了上升趋势轨道线，并对其间的股价产生限制作用。

从中环股份的走势可以看出，无论是上涨的波峰还是回调的波谷，几乎都被限制在上升趋势轨道线的范围内，偶有突破也非常短暂，且并不有效，这也使得投资者对趋势的判断更为高效和准确。

2021 年 5 月，股价正处于回调中，但此次的回调幅度不算大，几乎可以算是横盘整理，均线组合也黏合在一起。在 5 月底，股价逐渐接近上升趋势线，但还有一段距离时便止跌回升。

这一波上涨非常迅猛，股价的涨速远超以往，急速接近趋势轨道线的上方平行线，并在 6 月底直接实现了突破。突破后股价横盘整理了数日便重拾升势，上升趋势不断加速。

而此时的均线组合也被剧烈的价格波动带动发散开来，从上到下以 5 日均线、10 日均线、30 日均线和 60 日均线的顺序，形成了多头排列形态，并助涨股价向上攀升。

两个看多信号的同时出现，彼此印证，代表着股价对趋势轨道线的突破有效并且持续，后续的上升趋势角度加大，涨速也会加快，上涨空间进一步扩大，而突破位就是绝佳的加仓位以及入场位。

但是考虑到现在股价已经处于较高位置，投资者要谨慎追涨，设置好止盈点和止损点。

## 6.2.4　趋势轨道线与均线扭转结合选股

均线的扭转一般出现在行情反转来临时，由 K 线扭转短周期均线，短周期均线扭转长周期均线，使得均线组合的运行方向发生转折。

由于均线组合中的长周期均线具有非常高的稳定性与滞后性，因此其惯性也较大，对均线组合的扭转并不容易。所以，一旦市场趋势出现与均线相反的运行方向，并对其有扭转的趋势时，就表明目标股即将迎来反转，投资者需要高度警觉。

趋势轨道线与均线扭转结合的应用，主要体现在下跌行情的反转位置。当下降趋势轨道线上方的下降趋势线被突破的同时，均线的扭转作用产生，突破位就是一个明显的看多信号。

二者结合，既代表上一阶段的下跌行情结束，也标志着新行情的开启。在市场情绪被彻底调动起来、股价快速拉升之前，投资者就要抓住机会建仓了。

为了使均线的扭转表现得更清晰，本节就将使用 10 日均线、30 日均线、60 日均线和 120 日均线的均线组合，通过实际案例来对趋势轨道线与均线扭转结合的选股方法进行解析，为投资者的操作提供一定指导。

下面就来分析具体的案例。

**实例分析**

**长源电力（000966）下降趋势轨道线与均线扭转结合选股解析**

如图 6-17 所示是长源电力 2018 年 3 月到 2019 年 1 月的 K 线图。

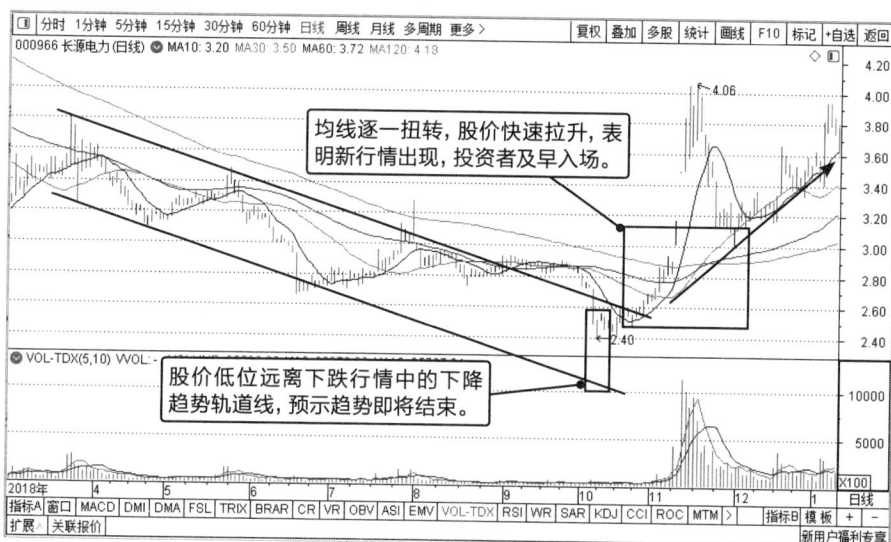

图 6-17　长源电力 2018 年 3 月到 2019 年 1 月的 K 线图

图中展示的是长源电力的行情底部，可以看到，该股在前期的下跌行情中跌势稳定，120 日均线在上方对股价保持压制。

2018 年 3 月底，股价的反弹形成一个波峰，随后回到下跌趋势中。5 月底，又一次反弹的波峰出现，与前一次的波峰相连，形成了一条有待验证的下降趋势线。

7 月底，股价再反弹，形成的波峰对下降趋势线稍有突破，但仅在一天之内便冲高回落，进一步确认了这条下降趋势线。那么依据下降趋势线起点之后的第一个波谷，做出一条平行线，就形成了下降趋势轨道线。

下降趋势轨道线的下方平行线接连越过了 3 个波谷，而这 3 个波谷基本都位于这条平行线之上，第 3 个波谷也只是有数日的跌破，最终还是回到了下降趋势轨道线之中。

但在 9 月时，股价的跌势减缓，转而进入了横盘。在与下降趋势线相遇时，股价依旧维持了数天的横向运行，才再次进入下跌。

10 月初，股价的再次下跌创出了 2.40 元的新低，随后止跌横盘，但此时股价的位置距离下降趋势轨道线的下方平行线还有较大的差距。在这里止跌回升，意味着趋势有反转的可能。

10 月下旬，股价在低位横盘一段时间后开始回升，并且上升速度较快。10 日均线首先拐头向上，30 日均线紧随其后出现转向，而 60 日均线也在 11 月初完成了转向，只有滞后性较强的 120 日均线还在逐渐走平。

均线组合扭转到这一位置，再加上股价对下降趋势轨道线的突破，已经向投资者传递了强烈的买入信号。尽管 120 日均线还在扭转过程中，但股价强势的突破与拉升也说明了趋势的逆转，在 3 条均线都完成转向的位置，投资者就可以积极入场了。

## 第7章

# 用指标选股：辅助研判更准确

技术指标是股票市场技术分析过程中占据重要地位的工具之一，它泛指一切通过数学公式计算得出的股票价格的数据集合。无论是均线还是成交量，都是技术指标的一种。而投资者从技术面选股时，基本离不开技术指标的辅助，因而对技术指标的掌握和应用就显得尤为重要。

- 如何使用MACD指标选股
- 如何使用DMI指标选股
- 如何使用KDJ指标选股
- 其他常见技术指标选股法

# 7.1　如何使用 MACD 指标选股

MACD（Moving Average Convergence and Divergence）指标又被称为平滑异同移动平均线，它从均线指标 EMA 演化而来，对把握趋势性行情有着很好的应用效果。

该指标的计算方式较为复杂，是由快的指数移动平均线（EMA12）减去慢的指数移动平均线（EMA26）得到快线 DIF，再用快线 DIF 减去 DIF 的 9 日加权移动均线 DEA 的结果再乘以 2 得到 MACD 柱。

简单来说，就是利用短期指数移动平均线与长期指数移动平均线之间的聚合与分离状况，对买进、卖出时机做出研判。

由于 MACD 指标的顶底背离形态经历了历史走势的检验，已经是被大众所广泛认可的反转判断方法，该指标也是趋势理论、波浪理论的重要研究工具，因此被称为"指标之王"。

如图 7-1 所示是弘宇股份（002890）2021 年 9 月到 12 月的 K 线图对应的 MACD 指标。

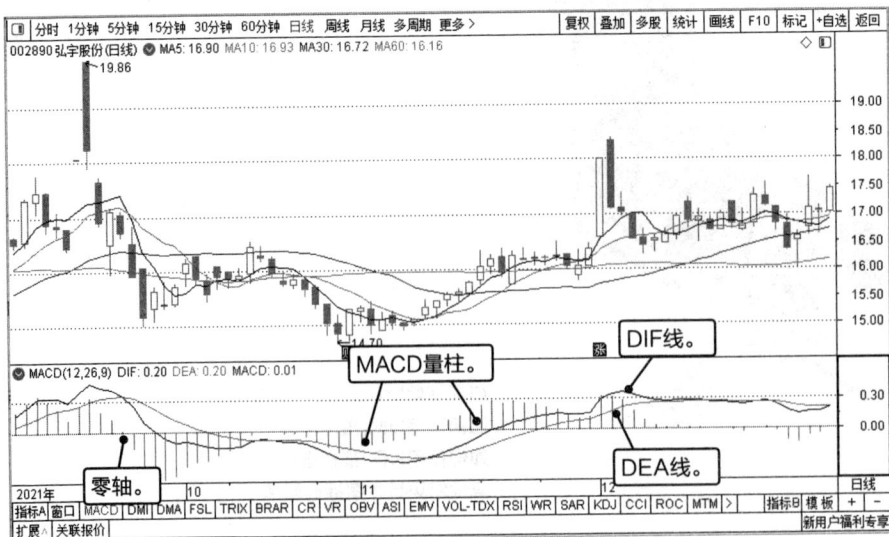

图 7-1　弘宇股份 2021 年 9 月到 12 月的 K 线图对应的 MACD 指标

MACD 指标主要由快速 DIF 线、慢速 DEA 线、零轴以及 MACD 量柱构成，其意义和均线指标 EMA 基本相同，即由快、慢线的离散、聚合，来预示当前的多空状态，以及股价可能的发展变化趋势。

而快速 DIF 线、慢速 DEA 线和 MACD 柱状线，三者之间的交叉组合构成的多种形态，就可以释放出多种信号，为投资者提供决策依据。

### 7.1.1　DIF 与 DEA 的金叉选股法

在 MACD 指标中，当 DIF 线自下而上穿过 DEA 线时，这样的形态就被称为 MACD 的金叉。但由于有一条零轴的存在，金叉也分为零轴上方金叉和零轴下方金叉两种情况。

在零轴上方出现的金叉一般要比零轴下方的金叉有优势，其传递的买入信号更为准确。因为 MACD 指标运行到零轴上方，就意味着目标股正处于多头市场中，短时间内涨势不会有太大改变。

当 MACD 金叉出现在下跌行情的末期，或者上涨中的回调低位时，往往预示着上升行情的出现或是拉升的起始。而在金叉出现时，通常需要有成交量的配合放大，才能确定有效。

在上升初期和途中时，成交量量能放大，有力推动股价上涨。此时 MACD 金叉如果在零轴上方出现，表明市场已经转为多头，推涨力强劲，上升行情明确，为强烈的买入信号。

而在零轴下方出现的金叉，则表明多方还未彻底战胜空方，投资者可以在场内出现明显看多信号时再入场。

下面就来分析具体的案例。

**实例分析**

**博云新材（002297）DIF 与 DEA 的金叉选股解析**

如图 7-2 所示是博云新材 2021 年 6 月到 12 月的 K 线图。

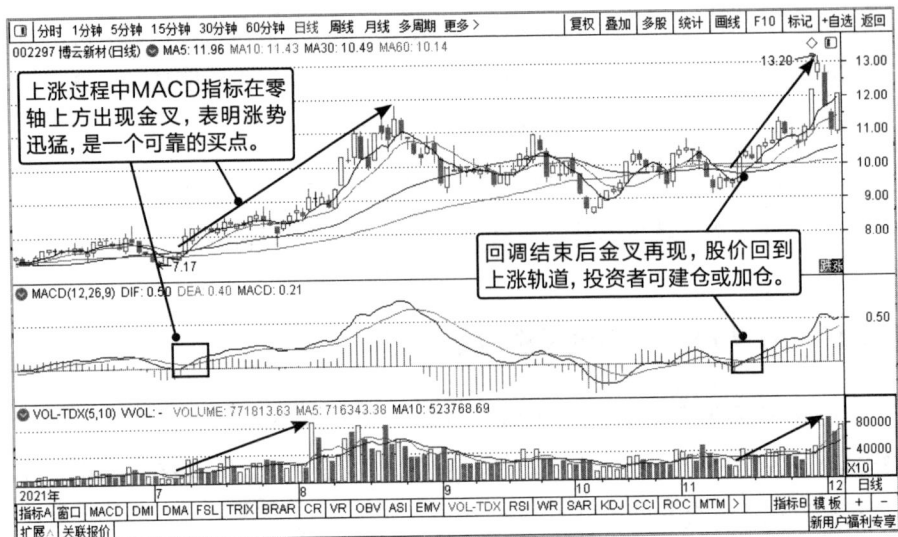

图 7-2　博云新材 2021 年 6 月到 12 月的 K 线图

图中展示的是博云新材的上涨阶段，可以看到，该股经过了前期的上涨后，MACD 指标已经运行到了零轴上方，表明目前市场涨势良好，多方稳定发力，短时间内趋势不会有大的改变。

7 月初，股价有一次小幅的回调，但持续时间不长，很快便再次回到上涨轨道中。而 MACD 指标的两条线在稍有回落后，伴随股价的回升，DIF 线自下而上穿过了 DEA 线，在零轴上方形成了一个金叉。

而在金叉出现的同时，成交量也有放量的配合，二者协同作用下股价接连上升，涨速骤然加快，行情出现了一波拉升。而投资者在观察到金叉出现时就应该立刻建仓或加仓，抓住这一段涨幅。

8 月中下旬，股价涨势渐缓，最终在 12.00 元的价位线附近受阻回落。而 MACD 指标此时却在零轴上方形成了死叉，即 DIF 线自上而下穿过 DEA 线，表明此次回调幅度较深，短期投资者可斟酌离场，避开这一段下跌。

9 月到 11 月初期间，股价在回落到 9.00 元附近后止跌横盘，开始在 9.00 元到 11.00 元的价格区间内横向震荡。在此期间 MACD 指标逐渐下滑，并一度运行到了零轴下方。

11 月初，股价开始有拉升的迹象，MACD 指标的两条线也有所回升，围绕着零轴波动。11 月中上旬，成交量开始逐渐放大，股价连续收阳上涨，MACD 指标也在靠近零轴的位置出现金叉，市场再次转向多头。

很快，在金叉出现后股价一路攀升，强势突破了盘整区间并不断创出新高，MACD 指标也在上升。这表明前期回调结束，市场重拾信心，开始积攒力量上攻，是投资者再次入场和加仓的机会。

## 7.1.2　DIF 的底背离选股法

MACD 指标的底背离主要看 DIF 线，具体指的是当 K 线图中股价的低点一波比一波低，而此时 DIF 的低点一波比一波高，就是 MACD 指标的底背离。

MACD 指标的底背离通常出现在股价的低位处和盘整结束后的拉升前夕，预示着市场即将进入多头行情中。如果之后成交量也配合放量，就是明确的买入信号。

下面就来分析具体的案例。

**实例分析**
### 方直科技（300235）DIF 的底背离选股解析

如图 7-3 所示是方直科技 2018 年 5 月到 11 月的 K 线图。

图中展示的是方直科技的行情底部，可以看到，该股在 2018 年 6 月出现了一次快速下跌。股价从上一个盘整区间脱离，跌落到 9.40 元的价位线附近止住，随后便在震荡中缓慢下滑。

而在股价快速下跌的过程中，MACD 指标也在不断下滑，深入零轴下方，说明此时行情由空方主导。在后续的数月内，伴随着股价的缓步下滑，成交量也在持续缩减。

这段时间内，股价的低点逐渐下移，接近 9.00 元的价位线。而零轴下方的 MACD 指标却在缓慢上升，DIF 线的低点一个比一个高，与下跌的股价之间形成了底背离形态。

在行情接近末期时，MACD 指标的底背离形成，说明场内空方力量逐渐消耗殆尽，无力维持下跌趋势。而多方则开始蓄力准备上攻，行情即将见底，激进的投资者可以开始建仓。

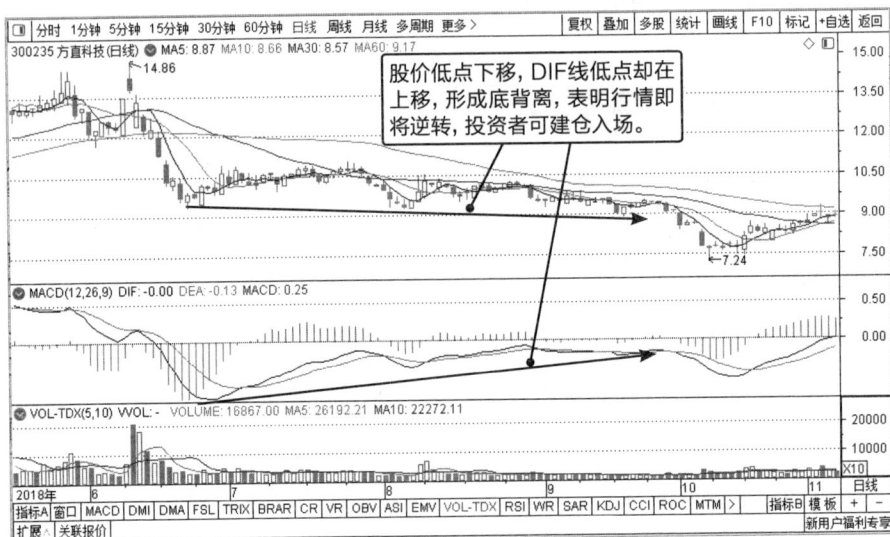

图 7-3　方直科技 2018 年 5 月到 11 月的 K 线图

如图 7-4 所示是方直科技 2018 年 10 月到 2019 年 4 月的 K 线图。

从方直科技后续的发展可以看到，10 月初股价突然加速下跌，创出了 7.24 元的新低后止跌回升，成交量也开始放量支撑股价上涨，MACD 指标在形成一个金叉后快速攀升，回到了零轴上方，表明市场已经转为多头。

11 月股价回调，开始进入整理阶段，但底部始终未跌破前期低点，说明行情很有可能已经逆转。

2019 年 2 月初，股价开始第二波拉升，此次拉升无论是速度还是涨幅，都比第一次强势，并且一举突破了第一波拉升的高点，使得上涨行情彻底明朗化，谨慎的投资者也可以积极买入。

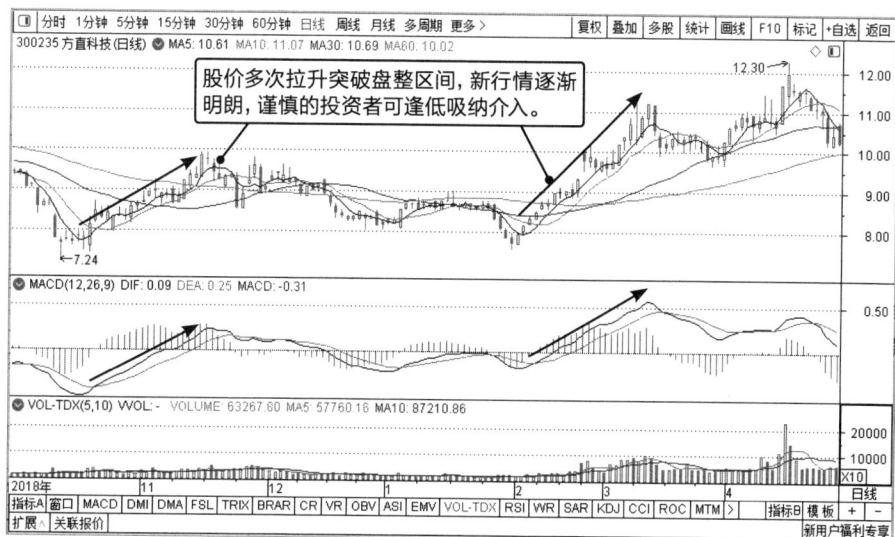

图 7-4　方直科技 2018 年 10 月到 2019 年 4 月的 K 线图

# 7.2　如何使用 DMI 指标选股

动向指标 DMI（Directional Movement Index）又称移动方向指数或趋向指数，是属于趋势判断的技术性指标。其基本原理是在股票价格涨跌过程中，通过股价创出的新高或新低来研判多空力量，进而寻求买卖双方的均衡点。

DMI 指标通过对供需关系的均衡点，即供需关系受价格变动的影响而发生由均衡到失衡的循环过程的分析，能够为投资者提供较为准确的对趋势判断的依据。

DMI 指标共有 PDI、MDI、ADX 以及 ADXR 4 条线，也是它的 4 个参数值，它分为多空指标 PDI、MDI 和趋向指标 ADX、ADXR 两组。其中，趋向指标主要应用于判别股价的走势或者方向，可以利用 ADX 值的变动以及 ADX 值与 ADXR 值的交叉形态作为买卖信号。

## 7.2.1 ADX 值预示走势选股法

当市场行情趋向明显时，DMI 指标效果理想，而 ADX 值则能够有效地判断市场行情的发展趋势，其应用方法主要有以下 3 种。

- ◆ ADX 值持续高于前一日时，市场行情将维持原趋势。上升行情中成交量持续放量，股价保持上涨，为看涨信号；下降行情中成交量持续缩量，股价保持下行，为看跌信号。

- ◆ ADX 值递减，降到 20 以下且横向行进时，市场氛围以观望为主，成交量波动幅度变小，股价表现为盘整。

- ◆ ADX 值从上升倾向转为下降时，表明行情即将脱离原有趋势，成交量会有相应异动。上升行情反转或回调时，成交量回缩导致股价下降；下降行情反转或反弹时，成交量放大导致股价上涨。

下面就来分析具体的案例。

**实例分析**
**启迪设计（300500）ADX 值选股解析**

如图 7-5 所示是启迪设计 2020 年 10 月到 2021 年 3 月的 K 线图。

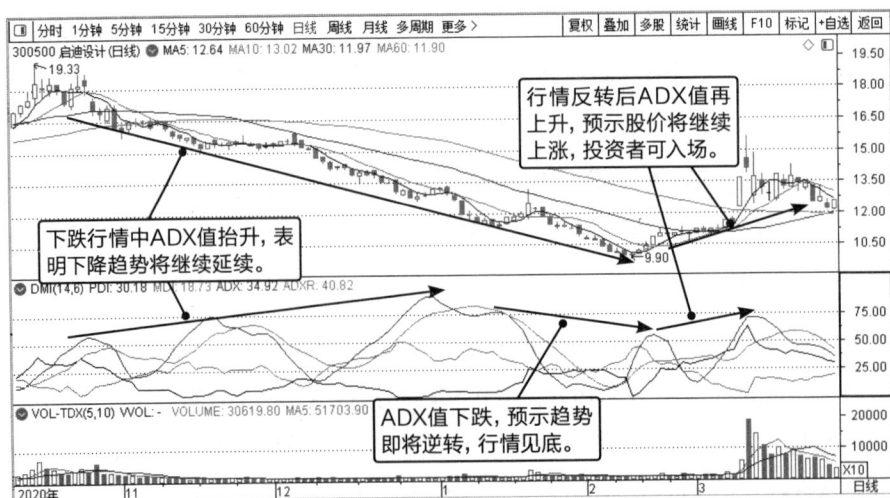

图 7-5 启迪设计 2020 年 10 月到 2021 年 3 月的 K 线图

图中展示的是启迪设计的下跌末期，可以看到，该股在 2020 年 10 月到 2021 年 1 月期间都维持着下跌状态，并且跌速稳定。

从 DMI 指标的 ADX 值来看，在股价下跌的这段时间，ADX 值在不断震荡中攀升，高点逐渐上移。ADX 值的上涨代表着行情沿着既有趋势前进，也就意味着股价的下跌行情会持续下去。

但在 2021 年 1 月到 2 月期间的 ADX 值，高点却出现了下跌。这一变动说明市场趋势即将逆转，在下跌行情中则预示着空方力量的衰竭，后续的股价可能会发展出新的走势。

2 月中上旬，股价创出 9.90 元的新低后止跌回升，但后续涨速比较缓慢，并且股价在数日后就进入了盘整，成交量也没有相应放量支撑，并不能确认新行情的出现。

而 ADX 值则在 3 月中上旬再次形成高点，并且相较于前一次出现了上移。在股价上涨的过程中 ADX 值出现高点上移，就意味着接下来的走势会沿着上涨轨道继续前进。而股价也确实伴随成交量的大量能出现了快速拉升，上涨行情基本可以确定，投资者可大胆建仓。

如图 7-6 所示是启迪设计 2021 年 2 月到 10 月的 K 线图。

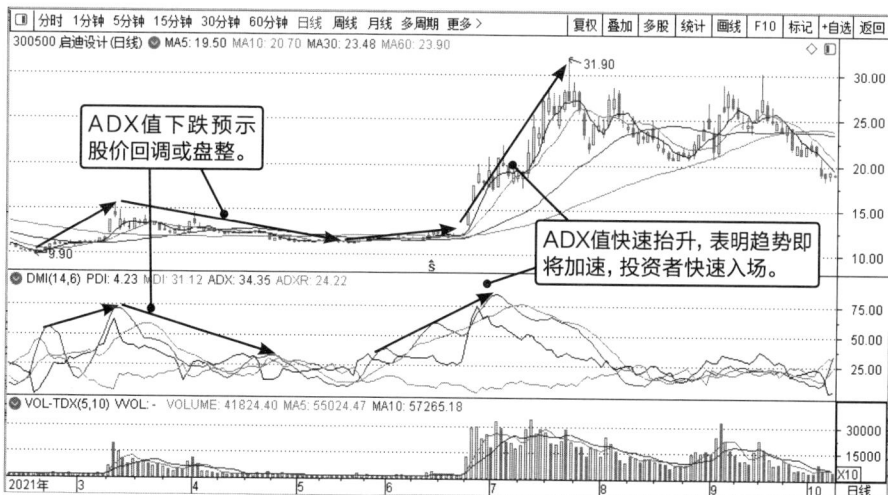

图 7-6　启迪设计 2021 年 2 月到 10 月的 K 线图

从启迪设计后市的发展可以看到，在第一波拉升告一段落后，股价便进入了数月的盘整。从高处回落的时候 ADX 值也相应下跌，发出了走势再次改变的预示。

在 6 月期间股价开始上涨，ADX 值也开始大幅抬升，预示着趋势即将加速运行，股价将脱离盘整快速上涨。那么在 ADX 值上扬、股价还未开始拉升时，就是绝佳的入场时间。

## 7.2.2  ADX 与 ADXR 综合应用选股法

ADX 值和 ADXR 值是 DMI 指标中的趋向指标，常用于判定行情走势以及趋势的逆转，二者交叉形成的形态就是决策买卖点的信号之一。

当 ADX 值上穿 ADXR 值形成金叉，则预示下跌行情的结束。此时股价可能出现低位盘整或者构筑反转形态，底部即将出现或已经出现。

那么，ADX 值和 ADXR 值形成的金叉处就是一个很好的抄底位置，但也不排除欺骗信号的出现，所以谨慎的投资者也可以在后续出现明显的看多信号后再入场。

此外，如果 ADX 值和 ADXR 值在后续运行至 50 以上，将可能产生一轮中级以上的行情；如果 ADX 值和 ADXR 值上行至 80 以上，那么市场将很有可能是翻倍以上的大行情。

下面就来分析具体的案例。

**实例分析**

### 昊志机电（300503）ADX 与 ADXR 综合应用选股解析

如图 7-7 所示是昊志机电 2019 年 6 月到 11 月的 K 线图。

图中展示的是昊志机电的行情底部，从均线的状态可以看到，该股在 2019 年 6 月之前还处于下跌，只是在接近底部时进入了盘整。

　　7月中上旬，ADX值在下滑到低点回升的过程中，上穿ADXR值形成了一个金叉，在行情末期出现的金叉，是行情即将结束的预兆。与此同时，股价出现了加速下跌，脱离了盘整区间不断创出新低。

　　7月中下旬，ADX值的高点出现了下移，预示趋势即将转变。与此同时，股价也在7.50元的位置止跌回升，并一路上涨突破了前期股价的盘整高点。再结合ADX值与ADXR值形成的金叉判断，行情很有可能在此见底，激进的投资者可以进行试探性建仓。

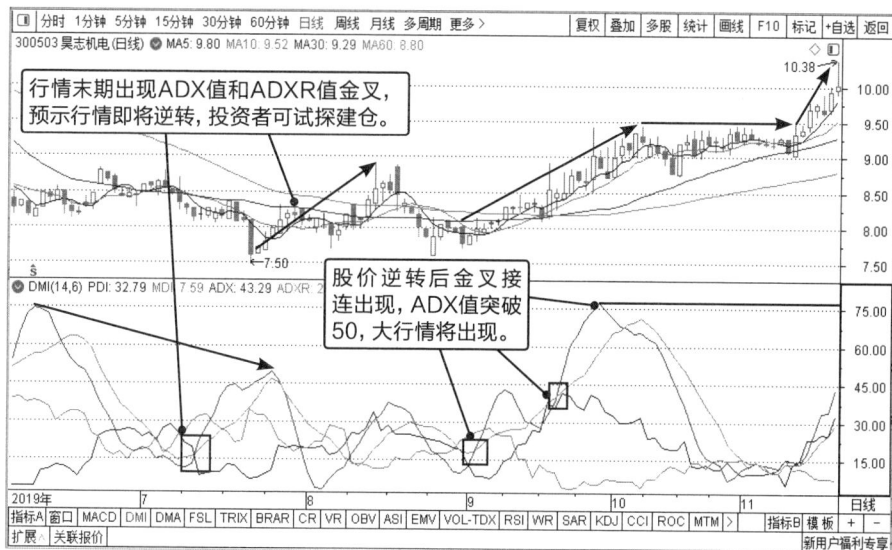

图7-7　昊志机电2019年6月到11月的K线图

　　在后续的发展中，股价进行了回调，并在8月底再次开始拉升。ADX值随之不断攀升，在震荡中数次上穿ADXR值形成金叉，并且位置越来越高，预示着后市的上涨很有可能非常迅猛。

　　10月初，股价的拉升在接近9.50元的价位线时受阻，开始在其下方横向整理。而ADX值却已经到达了一个峰值，并远远越过50，达到了77左右，这说明该股的拉升还远未停止，未来可能会产生一轮大涨行情，此时谨慎的投资者也要抓紧时间入场了。

如图 7-8 所示是昊志机电 2019 年 9 月到 2020 年 11 月的 K 线图。

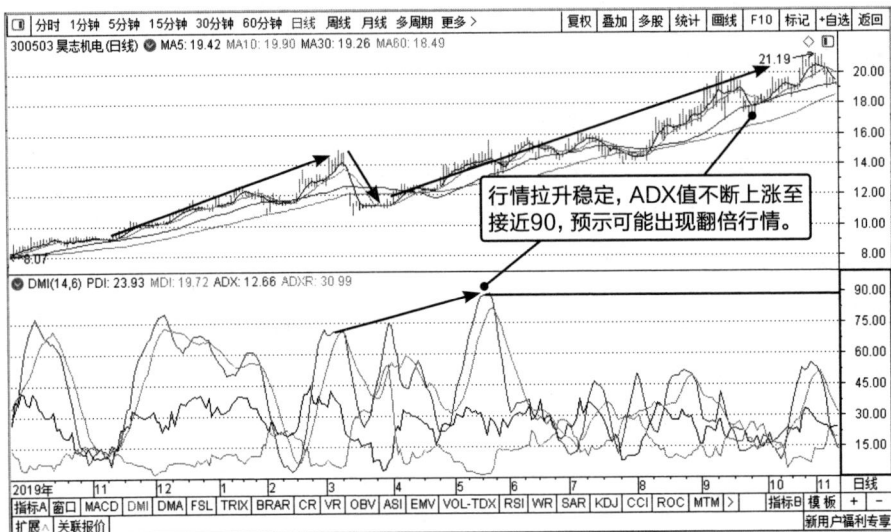

图 7-8　昊志机电 2019 年 9 月到 2020 年 11 月的 K 线图

从昊志机电后市的发展可以看到，股价在 2019 年 10 月的盘整结束后，很快便再次开启了拉升，涨势稳定且迅猛。

在很长一段时间内，该股的上涨行情始终维持稳定，ADX 值波峰位置居高不下，甚至在 2020 年 3 月一次深度回调结束后的拉升中接连上涨，直接突破到了接近 90 的位置。

这说明昊志机电此次的上涨行情潜力巨大，很有可能是翻倍的大牛行情，而后续的涨幅也证实了这一点。截至 2020 年 11 月，昊志机电的股价已经到达了 21.19 元的高点，相较于行情底部的 7.50 元，实现了近 183% 的上涨，翻了近乎两倍。

# 7.3　如何使用 KDJ 指标选股

KDJ（英文名称：Stochastic Indicator）指标也叫随机指标，该指标并不常用于分析趋势的运行状态，而主要用于分析市场短期内的超买超卖情况，从而指导投资者进行短线的高抛低吸操作。

KDJ 指标是以最高价、最低价以及收盘价为基本数据进行计算，从而得出的 K 值、D 值和 J 值，这 3 个值分别在指标的坐标空间中形成无数个点，将这些点连接起来就会形成一个完整的、能反映价格波动趋势的KDJ 指标曲线。

KDJ 指标的反应比较敏感，能够用来比较迅速、快捷且直观地研判行情，其 K 值、D 值和 J 值形成的各种形态可以传达出不同的买卖信号。

### 7.3.1　KDJ 指标的金叉选股法

KDJ 指标与 MACD 指标的信号模式类似，其指标线条形成的交叉形态也会构成金叉与死叉，但是 KDJ 指标还能够根据价格走势的乖离情况反映市场中的超买和超卖现象。

在稳定的单边行情中，KDJ 指标对投资者的指导作用并不强，但是在盘整震荡走势或者趋势反转来临之际，该指标则是赚取短期差价收益的得力工具。

KDJ 指标的低位以 20 作为标准，是一个表示行情超卖的刻度；80 为行情超买刻度，80 以上为超买区。当 KDJ 指标的 K 值和 J 值在低位的超卖区域同时上穿 D 值形成向上的金叉时，发出买入信号。

如果此时成交量量能配合放大，就是一个比较可靠的买入信号。

下面就来分析具体的案例。

**实例分析**
**深冷股份（300540）KDJ 指标金叉选股解析**

如图 7-9 所示是深冷股份 2019 年 1 月到 4 月的 K 线图。

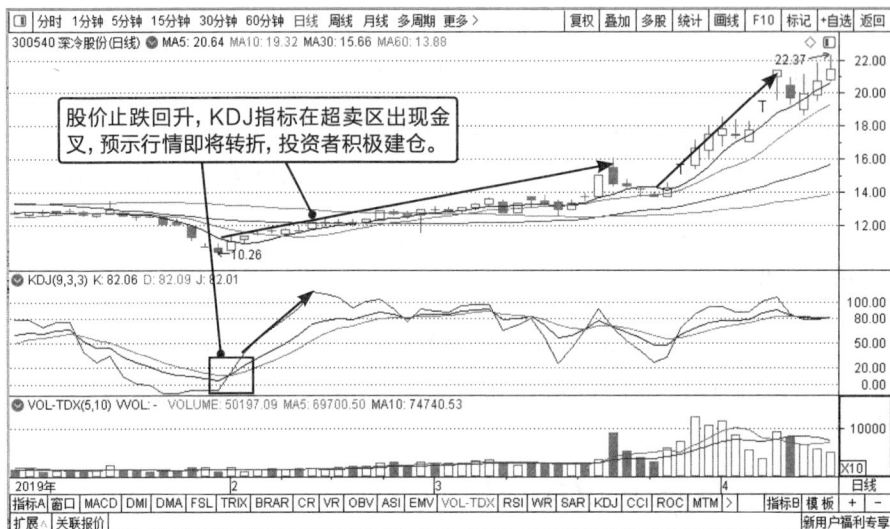

图 7-9　深冷股份 2019 年 1 月到 4 月的 K 线图

图中展示的是深冷股份的上涨初期，可以看到，该股在 1 月中旬之前已经经历了长时间下跌，股价进入波动幅度极小的盘整状态。

1 月中下旬，股价忽然开始加速下跌，脱离了盘整区间，直到创出 10.26 元的新低后止跌。这段时间内，KDJ 指标也从接近超买区的位置一路下滑，很快进入了超卖区。

当股价止跌回升之时，KDJ 指标的 3 条线也同时拐头向上，K 值和 J 值一同上穿 D 值，在超卖区形成了 KDJ 指标的金叉，随后指标连续上行，直接冲破了 80 的超买线，达到了 100 以上。

KDJ 指标的强烈反应，对于股价未来的走势产生了明显的预示作用。在此位置，市场的看多力量逐渐聚集，成交量开始活跃，股价稳步上行，很快便突破了前期的盘整区间，新的趋势初显端倪，投资者可以积极建仓。

3 月下旬，成交量量能加速放大，带动股价出现快速的拉升，并在后续接连涨停，KDJ 指标也居高不下。新行情在此位置已经明朗化，要抓住更多的涨幅，投资者就要尽早追势入场。

## 7.3.2 KDJ 指标的底背离选股法

KDJ 指标的底背离指的是 K 值、D 值和 J 值线在逐波向上，但行情的价格走势依然在延续原先的下降走势，甚至创出新低的状态。

当 KDJ 指标与价格走势形成底背离时，通常都是行情见底或是回调见底的信号。如果此时行情出现其他指标的看多信号，比如均线的多头排列或者 MACD 指标的金叉，再加上 KDJ 指标步入多头市场，就意味着行情走势面临反转。

在行情回调时，成交量持续萎缩，股价随之向下运行。当成交量缩到极致，股价跌速减缓，KDJ 指标出现底背离后行情反转，如果 KDJ 指标再出现金叉，就是明确的入场信号了，投资者应趁机建仓。

下面就来分析具体的案例。

----

**实例分析**

### 浙农股份（002758）KDJ 指标底背离选股解析

如图 7-10 所示是浙农股份 2018 年 7 月到 11 月的 K 线图。

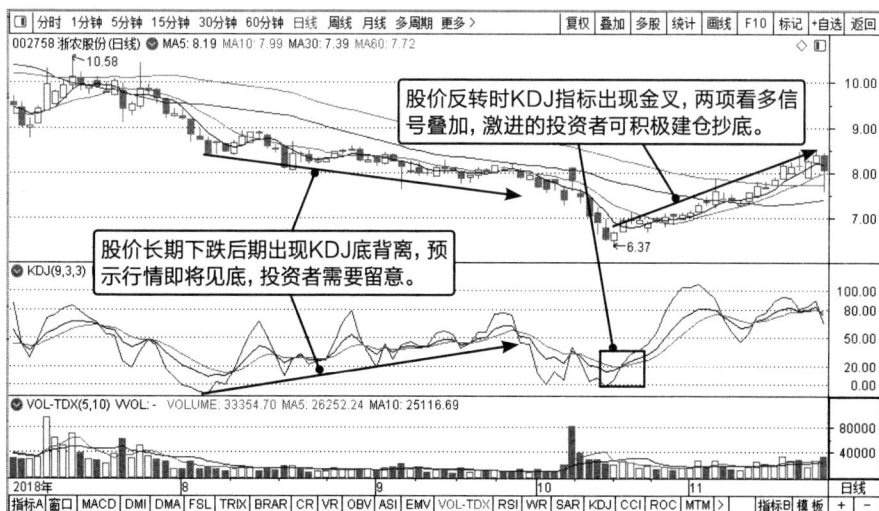

图 7-10 浙农股份 2018 年 7 月到 11 月的 K 线图

图中展示的是浙农股份的行情底部，可以看到，该股在 2018 年 7 月到 9 月期间还处于下跌阶段，股价在小幅震荡中逐渐下滑，30 日均线和 60 日均线也维持着对价格的压制。

但观察 KDJ 指标可以发现，当股价在 7 月从反弹高位快速下滑的时候，KDJ 指标也随之从超买区下行，一路跌至超卖区，甚至在 8 月初跌到了 0 以下，成交量也缩减到地量。

但在 8 月到 9 月期间，股价跌速减缓的时候，KDJ 指标却在不断攀升。可以看到，KDJ 指标的 3 条线逐波向上，低点一次比一次高，与下跌中的股价产生了底背离。

在股价长期下跌后的低位出现 KDJ 指标的底背离，代表行情很有可能即将见底回升。投资者此时需要引起高度关注，能否抓住机会抄底，就要看投资者的决断力了。

10 月初，股价跌速加快，出现了连续的收阴下跌，从骤然放大的成交量来看，这大概率是主力的打压行为。在股价运行到低位，成交量缩减到极致的状态下再次打压，吸取更多的廉价筹码以备拉升，这是主力的常用手段。当这一段打压式下跌到底之时，往往就是新行情出现之时。

10 月中旬，股价创出 6.37 元的新低后开始回升，成交量相较于下跌阶段的地量有所回升，股价稳定且持续上涨。再来观察 KDJ 指标可以发现，当股价回升时，KDJ 指标在接近超卖线的位置出现了一个金叉，并迅速上涨至超买区，这又是一个看多信号。

KDJ 指标连续出现底背离和金叉，两次买入信号的叠加意味着新行情的逐渐明朗，是一个绝佳的抄底机会。

激进的投资者完全可以在此处积极建仓，而谨慎的投资者则可以继续等待，第一波拉升之后大概率会出现回调，回调之后若未跌破前期低点，则可以放心入场。

如图 7-11 所示是浙农股份 2018 年 10 月到 2019 年 4 月的 K 线图。

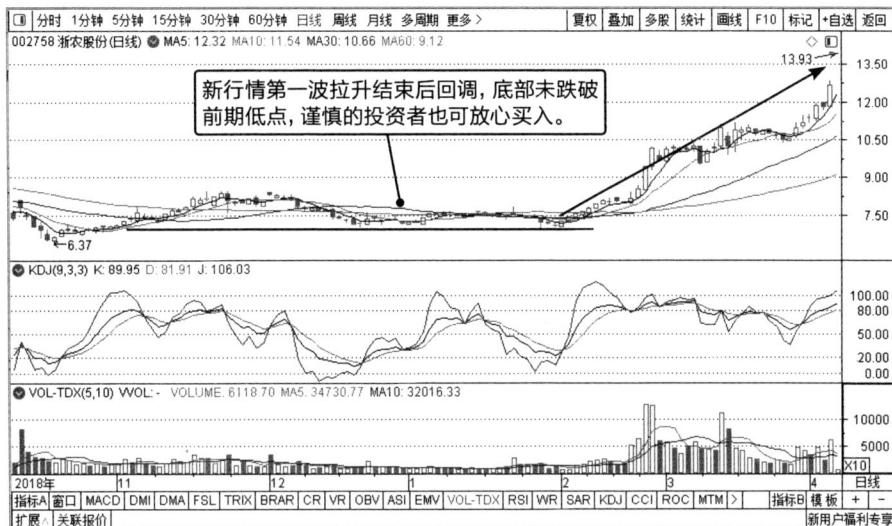

图 7-11　浙农股份 2018 年 10 月到 2019 年 4 月的 K 线图

从后市的发展可以看到，浙农股份在新行情的第一波拉升结束后进入了回调整理，而此次的整理时间较长，几乎延续了两个半月的时间。

2019 年 1 月底，股价在接近 7.00 元的位置见底，随后便开始上涨，出现了第二次拉升。很明显，此次的低点并未跌破前期的 6.37 元，那么在再一次拉升之前逢低吸纳就显得很有必要了，谨慎的投资者也需要抓紧时间建仓了。

# 7.4　其他常见技术指标选股法

目前，在股市中存在的技术指标数不胜数，并且随着时间的推移，新的技术指标还在不断被研究并公布出来。投资者在常用的看盘软件如通达信中，就能够搜索到包括大势型、超买超卖型、趋势型和能量型等数十项分类的上百种指标。

除了前面介绍的 MACD 指标、DMI 指标以及 KDJ 指标这 3 种常用技术指标外，还有一些稍显复杂但应用效果也比较好的技术指标，它们对于选股来说也会起到一定的作用，如 RSI 指标、OBV 指标、BOLL 指标以及 VR 指标等。

投资者无须深究这些指标的内在原理和计算公式，只要了解其应用之法，就能够借助指标进一步决策买卖点。

### 7.4.1　RSI 指标选股法

相对强弱指标又称 RSI（Relative Strength Index）指标，是一种通过特定时期内股价的变动情况计算市场买卖力量对比，判断股价内部本质强弱、推测价格未来的变动方向的技术指标。

RSI 指标是主要用于决策短期买卖点的一种超买超卖指标，该指标一般通过比较一定时期内的平均收盘涨数和平均收盘跌数，进而分析市场的买卖盘的意向和双方的实力。

相对强弱指标理论规定，价格的涨跌均在 0~100 变动。一般情况下 RSI 值在 30~70 变动；当指标值处于 80 以上时，市场到达超买状态，价格可能会回落调整；当指标值低至 20 以下，即被认为是超卖，市价将可能出现反弹回升。

RSI 指标对于走势的研判与 KDJ 指标有些类似，都有超买区和超卖区，区别是 RSI 指标会构筑特殊形态。

- ◆ RSI 以 50 为中界线，当 RSI 大于 50，视为多头行情，此时市场看多情绪高涨，成交量表现活跃，股价上升；当 RSI 小于 50，视为空头行情，此时市场看跌情绪浓厚，成交量相对萎缩，股价下降。

- ◆ RSI 在 20 以下形成 W 底或头肩底形态时，如果 K 线形态与成交量同时构筑对应的 W 底或头肩底形态，表明空方力量已经充分释放，行情即将向上抬升，为强烈的买入信号。

- ◆ RSI 向上突破其高点连线时，若成交量放量，同时股价向上攀升，则

为买进信号；RSI 向下跌破其低点连线时，若成交量缩量，同时股价
对应下跌，为卖出信号。

下面就来分析具体的案例。

### 沐邦高科（603398）RSI 指标选股解析

如图 7-12 所示是沐邦高科 2020 年 11 月到 2021 年 4 月的 K 线图。

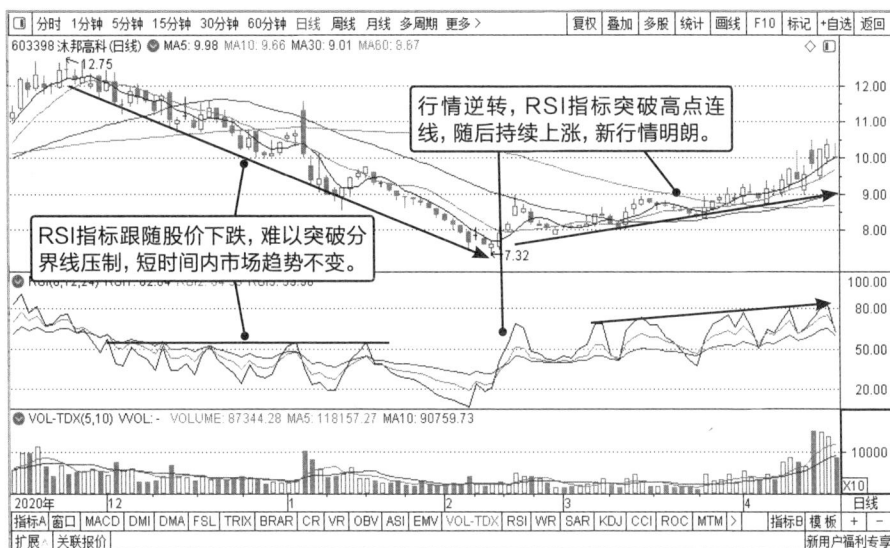

图 7-12　沐邦高科 2020 年 11 月到 2021 年 4 月的 K 线图

图中展示的是沐邦高科的行情底部，可以看到，该股在下跌行情运行到
末期时，最后一次大幅反弹后的跌势比较急促，仅仅两个半月左右的时间，
价格就从 12.75 元跌至 7.32 元。

在股价下跌的过程中，RSI 指标也在震荡中一路下滑，低点不断下移，
但高点却几乎处于同一条水平线上，受到 50 线的压制难以突破，说明市场目
前处于空头，短时间内难以向多头转变。

2021 年 2 月中上旬，股价跌至 7.32 元的位置后止跌回升，很快便冲到了

9.00 元的价位线附近。而 RSI 指标在运行到 20 以下后，迅速跟随股价上涨的步伐攀升，一举突破了前期高点的连线，超越 50 到达了多头区域内。

这预示着空头行情已经转为多头，股价底部出现，新的上涨行情即将来临，激进的投资者可大胆建仓。

3 月初，当股价暂时回调整理之后便再次开始上涨，并且涨速还在不断加快。RSI 指标也在稍微回落后继续上升，高点逐渐上移，远远超过了 50 的分界线，甚至在 4 月中下旬达到了 80 以上。

RSI 指标出现这样的走势，正预示着新行情的明朗。就算后期出现回调下跌，也大概率不会跌破 7.32 元的低点，投资者可根据自身策略分批建仓。

如图 7-13 所示是沐邦高科 2021 年 4 月到 2022 年 1 月的 K 线图。

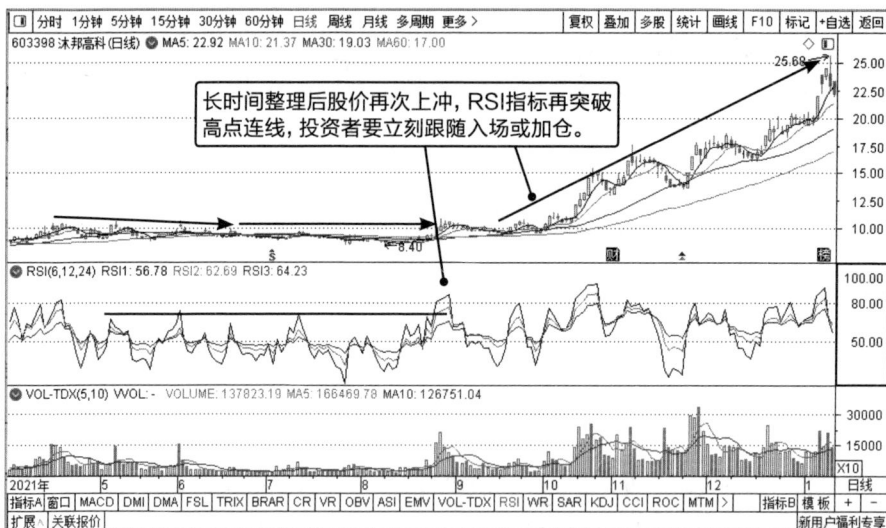

图 7-13　沐邦高科 2021 年 4 月到 2022 年 1 月的 K 线图

从后续的走势可以看到，股价在反转后，上涨到 10.00 元的价位线附近便有所回调，随后在 10.00 元的压制下横盘整理。而 RSI 指标的高点相连，再次形成了难以突破的压制线。

沐邦高科这一次的整理时间较长，在此期间 RSI 指标未有突破迹象，投资者可以保持观望，不急着入场。

一直到 8 月中上旬，回调才到达 8.40 元的底部，随后股价很快开始回升，在成交量大量能的推涨下，强势突破盘整区间的压制线，重新回到了上涨轨道中。而观察 RSI 指标可以发现，此时的指标高点也再次突破了前期压制线，并上升到了 80 以上。

这一次股价以及指标的双重突破，意味着上涨行情的主升期可能即将到来，后市高度看涨。还在观望的投资者见此信号可立刻加仓或入场，准备好迎接大幅的拉升。

## 7.4.2　OBV 指标选股法

能量潮指标 OBV（On Balance Volume）也称为平衡成交量法或累积能量线，是一种基于成交量计算的技术指标。

该指标将成交量值数量化制成趋势线，配合股价的趋势线，从价格的变动及成交量的增减关系来推测市场气氛。其理论基础是市场价格的变动必须有成交量配合，价格升降时成交量不相应升降，则市场价格的变动难以继续。

OBV 能量潮指标由两条线组成，一条线为 MAOBV 线，一般情况下 MAOBV 线主要是依据 30 天内的成交量来计算出的 OBV 指标的简单移动平均线，简单来说就是成交量的 30 日均线；另一条线为 OBV 线，是由当日收盘价减去上一个交易日的收盘价形成的。

用 OBV 能量潮指标也能判断股价走势，且由于 OBV 是基于成交量得出的数学模型，其对趋势的判断与成交量有一定的相似之处。

- ◆ 当 OBV 线连续形成锯齿形上涨到一定高位，再出现更大的锯齿形上涨形态，股价与成交量出现背离时，则上涨的股价可能将出现反转。

- ◆ OBV 线的走向与股价曲线产生背离时，说明当时的走势是虚浮的，不管是上涨行情还是下跌行情都进入了尾声，随时有反转的可能。

◆ OBV 线如果持续一个月以上横向移动，在某时刻突然上冲，则预示大行情或大幅拉升即将来临。

下面就来分析具体的案例。

**实例分析**

## 雅克科技（002409）OBV 指标选股解析

如图 7-14 所示是雅克科技 2019 年 4 月到 10 月的 K 线图。

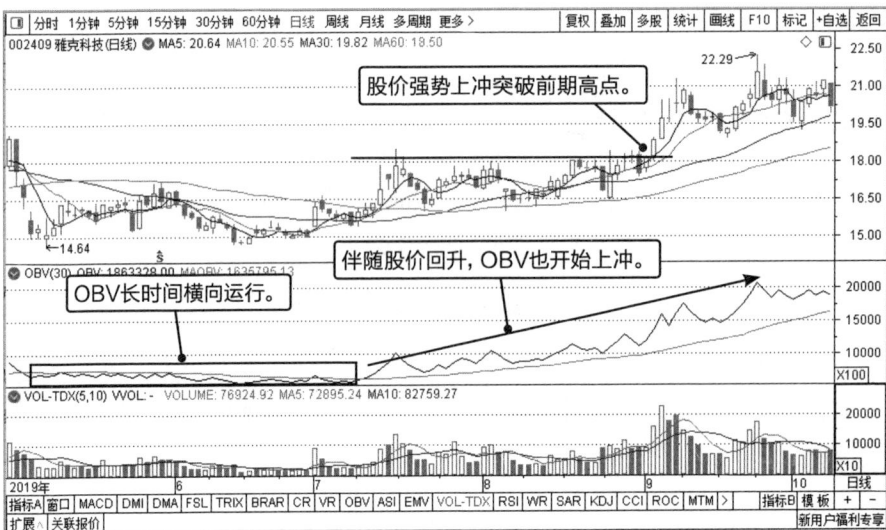

图 7-14 雅克科技 2019 年 4 月到 10 月的 K 线图

图中展示的是雅克科技的上涨阶段，可以看到，在 4 月底，股价上涨到接近 19.00 元的价位线附近后便出现回调，快速下跌至 15.00 元以下，随后进入了盘整之中。在盘整期间，OBV 指标也下滑到相对低位，并伴随着股价的整理而横向运行。

7 月中上旬，股价开始有所回升，成交量也逐渐活跃起来，带动股价波浪式上涨。而此时再观察 OBV 指标可以发现，在经历了近两个月的横向运行后，OBV 线也开始上冲，一举越过了前期横向运行的高点。这预示着即将到来的拉升，投资者可积极买入。

很快，股价接近了 18.00 元的价位线，在横盘震荡了一段时间后于 9 月初再次上冲，强势突破了前期上涨的高点，并不断创出新高。截至 9 月中下旬，雅克科技已经上涨至 22.29 元，相较于前期回调的底部 14.64 元，涨幅约52%，收益非常可观。

但从均线组合的发散走势以及 OBV 指标的涨势来看，股价的涨势还未结束，该股的牛市行情也刚开始，后市的上涨空间还在等待挖掘。

如图 7-15 所示是雅克科技 2019 年 9 月到 2020 年 7 月的 K 线图。

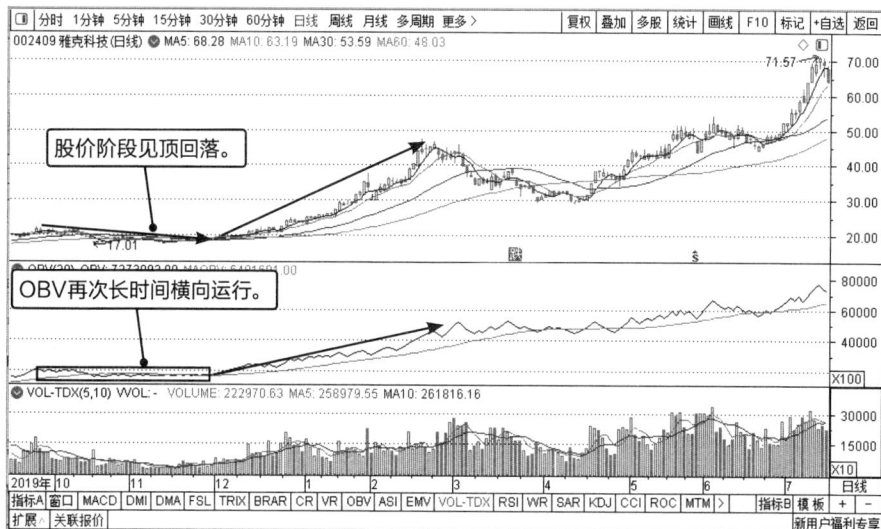

图 7-15　雅克科技 2019 年 9 月到 2020 年 7 月的 K 线图

从后市的发展可以看到，该股在 2019 年 9 月的一波拉升结束之后，股价再次回调整理，OBV 指标也又一次出现横向运行，只是此次的横行位置比前一次高了许多。

11 月底，成交量开始放量，股价受到推动接连上涨，在突破盘整区间后依旧势头不减，涨速飞快。OBV 指标也受其影响突然上涨，开始伴随股价同步上行，二者涨势都比较稳定且快速。

这一次的拉升明显要比上一次持久，涨幅也更大。截至 2020 年 7 月，股价已经达到了 70.00 元以上，价格翻了数倍，对于投资者来说，这一波拉升才是真正的、不容错过的大行情。

---

**拓展贴士** *OBV 指标连续上冲预示大牛行情*

通常在股价的上涨行情中，处于前期的拉升只是主力的铺垫，回调则是消化获利盘的抛压，以及为下一波拉升蓄势。

当 OBV 指标在紧接着的拉升中再次出现横向运行后的上冲，那么股价的涨势往往会一浪比一浪高。

这样的形态可能在大牛行情中出现数次，每一次的上涨幅度都不会太小，投资者可以分段操作，将每一段拉升的收益收入囊中。

---

### 7.4.3　BOLL 指标选股法

布林线（BOLL 线）又称股价通道线，其英文全称是 Bollinger Bands，是股市中广泛运用的路径分析指标。它是根据统计学中的标准差原理，设计出来的一种非常简单实用的技术分析指标。

布林线正是一种通过计算股价的标准差，再求股价的信赖区间，用于表示股价围绕着一定的区间运行轨迹的趋势指标。区间的宽度代表价格的变动幅度，越宽表示价格变动幅度越大，越窄表示价格变动幅度越小。

布林线指标会在 K 线图上形成 3 条线，其中上下两条线可以分别看成是股价的压力线和支撑线。而在两条线之间还有一条股价平均线，通常被称为中轨线，其对应的参数设置就是 20 日均线。一般来说，股价会运行在压力线和支撑线所形成的通道中。

股价通道的宽窄随着股价波动幅度的大小而变化，且具有变异性，会随着股价的变化而自动调整，有着灵活性、直观性和趋势性的特点。

如图 7-16 所示是航新科技（300424）2021 年 9 月至 12 月的 K 线图中的布林线。

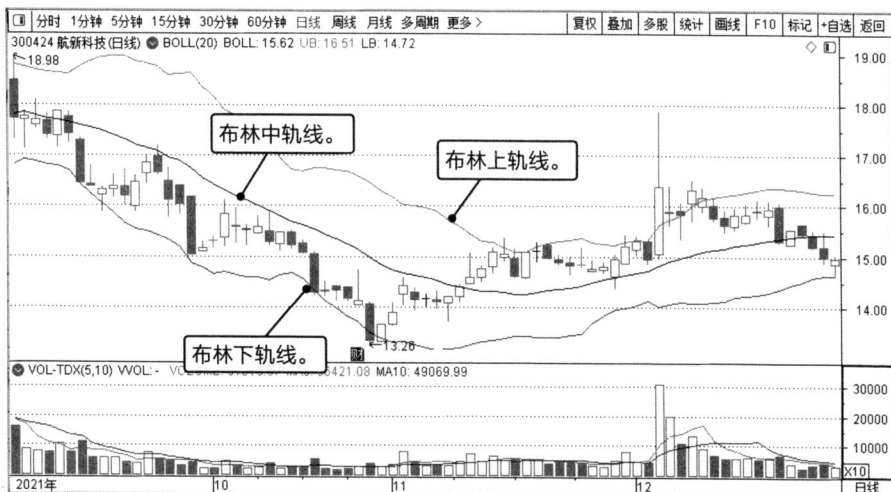

图 7-16　航新科技 2021 年 9 月至 12 月的 K 线图中的布林线

布林线的运用，通常是作为研判股价走势的辅助指标，即通过股价所处布林通道内的位置来评估股票走势的强弱。当股价位于布林线中轨线之上时，为多头市场，可持股或买入；当股价处于布林线中轨线之下时，则为空头市场，介入要小心。

下面就来分析具体的案例。

**实例分析**

## 艾华集团（603989）BOLL 指标选股解析

如图 7-17 所示是艾华集团 2019 年 9 月到 2020 年 7 月的 K 线图。

图中展示的是艾华集团的上涨阶段，可以看到，该股在 2019 年 11 月中旬之前还处于下跌之中，布林中轨线压制在其上方，二者同步下行。

在股价创出 17.26 元的新低后止跌回升，伴随成交量一根大量能的出现，股价连续收阳上涨，快速突破了布林中轨线。随后，股价进行了小幅回踩，在确认支撑力后再次上涨，彻底在布林中轨线上站稳。此时新行情的第一个买点出现，投资者可立刻买入。

在后续的两个月内，成交量持续活跃，股价维持着较为迅猛的涨势向上攀升，涨速也在不断加快。股价在运行中逐渐远离布林中轨线，并与布林上轨线愈发贴近，甚至在1月中下旬有了小幅突破，但布林上轨线依旧保持着压制作用，将股价限制在轨线区间内。

2月中下旬，股价在突破30.00元的价位线后冲高回落，出现了滑坡式的快速下跌。股价在布林中轨线上短暂停滞后便再次向下，彻底将其跌破。这就是一个短线的卖点了，这一段的涨幅也有接近80%。后续股价接连收阴下滑，直到受到布林下轨线支撑，才在接近22.00元的位置止跌。

4月初，股价凭借几根大阳线实现了大幅拉升，骤然加快的涨速导致股价直接突破了布林中轨线，在回踩小幅跌破后再次回升，在上方站稳。此时第二个买点出现，是一个绝佳的加仓和入场机会，在前期没来得及入场的投资者就要抓住机会了。

从后市的发展来看，股价还在不断创出新高，上涨空间明显还未挖掘完毕，投资者紧抓布局，收益将会比较可观。

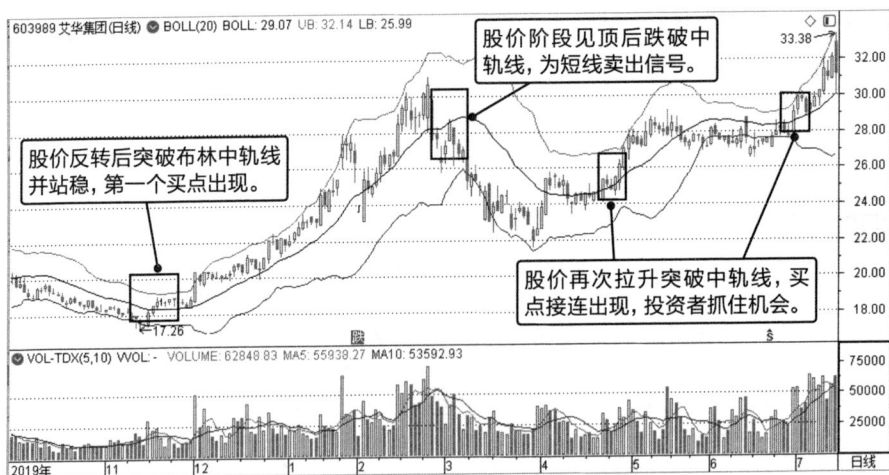

图7-17　艾华集团2019年9月到2020年7月的K线图

## 7.4.4　VR指标选股法

VR（Volatility Volume Ratio）全称成交量变异率，是一项通过分析股价上涨日的成交量与股价下跌日的成交量之比，从而掌握市场买卖趋势的一种中期技术指标。

VR 指标的理论基础是"量价理论"和"反市场操作理论"，主要的作用在于，以成交量的角度衡量市场中多空双方的力量强弱，进而帮助投资者掌握股价的趋势走向。

VR 指标按照数值大致分为 4 个区域，每一个区域都对应着股价的不同状态以及不同的操作策略。

- ◆ 低价区域：当指标位于 40~70，股价位于相对低位，可买进。

- ◆ 安全区域：当指标位于 80~150，股价运行正常，可观望。

- ◆ 获利区域：当指标位于 160~450，股价到达相对高位，可卖出。

- ◆ 警戒区域：当指标位于 450 以上，股价估值过高，随时会反转，不宜介入。

VR 指标在低价区域准确度较高，因此对买点的预示比较准确。当股价运行到下跌行情末期，VR 指标在低价区域止跌回升，就是一个买入信号。

而在 VR 指标高于 160，来到获利区域时，指标有失真的可能。因此当股价阶段见顶或是行情见顶，VR 指标接近获利区域顶部，投资者就要立刻卖出。

下面就来分析具体的案例。

**实例分析**

### 福建金森（002679）VR 指标选股解析

如图 7-18 所示是福建金森 2021 年 1 月到 6 月的 K 线图。

图中展示的是该股的行情底部，可以看到，该股在 1 月期间正在低位盘整，VR 指标也下滑至安全区域横向运行，此时投资者以观望为主。2 月中上旬，股价加速下跌后在 9.00 元附近止跌，并在震荡中开始上涨，此时 VR 指标也紧随股价的下跌滑到低价区，之后在股价的上涨带动下见底回升，此时买点出现。

后续 VR 指标从低价区域一路上升至安全区域，在小幅回落后更是直接上冲，到达了获利区域，并于 3 月初在 300 附近见顶。此时的股价也上涨至接近 12.50 元，但从后续的拉升趋势来看，该股还远未到达顶部，VR 指标距离 450 也有较大距离，投资者在此处可以选择卖出或是继续持有。

3 月中上旬，股价继续抬升，VR 指标却在下滑，说明场内空方力量在蓄积，后续可能出现抛压导致的回调。果然，3 月底股价便出现下跌，随后在整理中缓慢下滑到 10.00 元附近，VR 指标也再次回落到低价区域内。

5 月初，股价有了回升迹象，在小幅上涨数日后突然跳空高开，开始了急速拉升。VR 指标积极跟随，再次出现低价区域的回升，这又是一个明确的买入信号，投资者可积极入场或加仓。

VR 指标回升后快速上涨，冲到获利区域中一路暴涨，直至 5 月底在靠近 450 的位置才见顶回落。而此时的股价也上涨到了 26.50 元附近，随后有所回落。此处的股价经过了连续涨停的暴涨阶段，位置已经比较高了，再加上 VR 指标在获利区域上边线的见顶回落，卖出信号强烈。投资者不应再抱有期望，最好即刻卖出，将收益落袋为安。

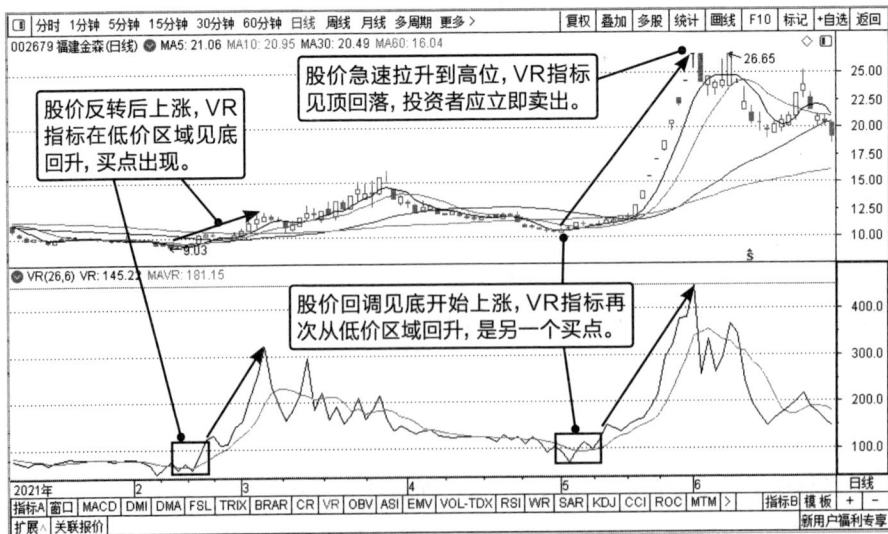

图 7-18　福建金森 2021 年 1 月到 6 月的 K 线图